Holt Spanish 3

Cuaderno de actividades

HOLT, RINEHART AND WINSTON

A Harcourt Education Company

Orlando • Austin • New York • San Diego • Toronto • London

ISBN 0-03-074478-4
ISBN-13: 978-0-03-074478-5

17 18 19 20   0982   12 11
4500323490

Table of Contents

¡Adiós al verano!

1 Escoge la palabra o la expresión en paréntesis que complete mejor cada oración.

Mi viaje a Castilla-La Mancha

El primer día (**1**) _____ (acampamos / vimos) la Casa-Museo de El Greco en Toledo. Siempre me encantaron sus (**2**) _____ (figuras / montañas) de personas alargadas. También fuimos al Museo de los Concilios y Cultura Visigoda porque queríamos (**3**) _____ (trotar / aprender) sobre la historia de la región. (**4**) _____ (Comimos / Acampamos) migas, que se hacen con pan, queso manchego y ajo, y otras tapas deliciosas en un café en la parte alta de la ciudad.

Como ésta es la tierra de Don Quijote, por la tarde (**5**) _____ (paseamos / nadamos) en automóvil hasta el Castillo de Montalbán. Éste fue construido por los caballeros templarios, una orden del siglo XII, cuyos caballeros (**6**) _____ (coleccionaban / acompañaban) a los peregrinos a Jerusalén. Nos fascinó, así que lo encontramos muy (**7**) _____ (interesante / aburrido). Por la noche asistimos a un(a) (**8**) _____ (obra de teatro / concierto) de García Lorca en el Corral de Comedias de Almagro. ¡Tuvimos un día de película!

2 Usa las siguientes expresiones para escribir sobre las cosas que hiciste el verano pasado. Puedes inventar actividades si quieres.

   1. Lo pasé de maravilla...

   _____

   2. Encontré muy aburrida...

   _____

   3. Nos divertimos mucho...

   _____

   4. Disfruté enormemente...

   _____

   5. A pesar de que había una llovizna,...

   _____

¡Adiós al verano!

3 Completa las oraciones basándote en los dibujos y contesta las preguntas que siguen.

1. Ya que hacía viento, _____

   ¿Y qué tal lo pasaste? _____

2. Ya que había truenos y relámpagos, _____

   ¿Qué te pareció? _____

3. Ya que hacía sol, _____

   ¿Adónde fuiste? _____

4. Ya que estaba lloviendo a cántaros, _____

   _____

   ¿Qué hiciste? _____

5. Como sólo caía una llovizna, _____

   _____

   ¿Qué tal lo pasaste? _____

4 En un párrafo describe lo que te gustaba o no te gustaba hacer durante las vacaciones de verano hace unos cinco o seis años. ¿Cómo cambiaron tus gustos? Explica.

_____

_____

_____

_____

_____

_____

¡Adiós al verano!

5 Completa el párrafo con la forma correcta de **ser** o **estar.**

El personaje de Don Quijote (**1**) _____ (es / está) un señor del siglo

XVII a quien le encantaba leer novelas de la época medieval. Él mismo quiere

(**2**) _____ (ser / estar) un héroe porque cree que (**3**) _____ (es /

está) en un mundo de caballeros. Don Quijote decide ir a buscar aventuras y para

eso consigue un caballo y un asistente. Su caballo, Rocinante, (**4**) _____

(está / es) muy flaco porque nunca come, en cambio, su asistente Sancho Panza

(**5**) _____ (está / es) un poco gordito. Sancho casi siempre

(**6**) _____ (está / es) de buen humor, pero muchas veces

(**7**) _____ (es / está) preocupado porque piensa que Don Quijote

(**8**) _____ (es / está) un poco loco. En una de sus aventuras, por ejem-

plo, Don Quijote lucha contra unos gigantes que en realidad (**9**) _____

(están / son) molinos de viento. Sus aventuras (**10**) _____ (están / son)

muy divertidas.

6 En Castilla-La Mancha conociste a Silvia, una chica con quien mantienes corres-
pondencia. Contesta su carta y cuéntale de tu pueblo y de todas las actividades
que hay para hacer. Usa palabras de **Vocabulario** y expresiones de **¡Exprésate!**

Querida Lynn:

¡Me alegró mucho conocerte en tu viaje por Castilla-La Mancha! En especial disfruté
de los días que pasaste conmigo en Ciudad Real. Como pudiste ver, es una hermosa
ciudad y la región es famosa por sus monumentos y sus grandes museos. Tú
seguramente la encontraste interesante. Espero que sigamos comunicándonos.
Algún día voy a visitarte y vamos a divertirnos mucho. En especial, espero que
podamos dar caminatas por los bosques. Sabes que es mi actividad preferida.
    Saludos, Silvia

Querida Silvia:

_____

_____

_____

_____

¡Adiós al verano!

7 Lee las oraciones sobre Castilla-La Mancha y contesta **cierto** o **falso.**

_____ **1.** Los cristianos, los musulmanes y los judíos han dejado sus huellas en la ciudad de Toledo.

_____ **2.** La ganadería es una industria importante de Castilla-La Mancha.

_____ **3.** Los visigodos construyeron mezquitas y fundaron escuelas superiores de matemáticas.

_____ **4.** El gobierno de Castilla-La Mancha tiene tres ramas administrativas.

_____ **5.** Los arcos de la Sinagoga del Tránsito son típicos del estilo mudéjar.

_____ **6.** El Greco fue un estudiante de Luis Tristán.

8 Acabas de regresar de un viaje a Castilla-La Mancha. Un(a) amigo(a) te hace preguntas. Contesta sus preguntas con la respuesta apropiada.

_____ **1.** ¿Cuál no es una provincia de Castilla-La Mancha?
    a. Valencia   **b.** Guadalajara   **c.** Albacete

_____ **2.** ¿Qué actividad económica es importante en Castilla-La Mancha?
    a. la industria maderera   **b.** la agricultura   **c.** la ganadería

_____ **3.** ¿Cuál es un importante producto agrícola de la región?
    a. las papas   **b.** el azafrán   **c.** el maíz

_____ **4.** ¿Dónde hacen las cerámicas y los azulejos?
    a. en Toledo   **b.** en Cuenca   **c.** en Talavera

9 En un párrafo, compara tus vacaciones de verano con las de personas que conoces en países de habla hispana. Incluye información sobre tus últimas vacaciones y los lugares donde la gente de tu comunidad suele pasar las vacaciones.

_____

_____

_____

_____

_____

_____

_____

¡Adiós al verano!

10 Si una persona es como se describe en las siguientes oraciones, recomiéndale qué hacer basándote en los dibujos.

1. Si quieres mantenerte en forma, _____

2. Si eres atlético(a), _____

3. Si te gusta la naturaleza, _____

4. Si te gusta hacer mucho ejercicio, _____

5. Si buscas una actividad tranquila, _____

6. Si buscas algo que puedes hacer solo(a), _____

7. Si te gustan las computadoras, _____

_____

8. Si estás aburrido(a), _____

11 Completa las siguientes oraciones.

MODELO Voy a estudiar <u>italiano</u> porque <u>quiero viajar a Venecia y a Florencia.</u>

1. Voy a estudiar _____ porque _____

2. Pienso ir a _____ porque _____

3. Practicaré _____ porque _____

4. Haré _____ porque _____

5. Visitaré _____ porque _____

¡Adiós al verano!

12 Lee las siguientes pistas. Para cada una, escribe la palabra de **Vocabulario** que corresponda. Luego, encuentra la palabra y rodéala con un círculo.

_____ **1.** En esta clase te enseñan a hablar en público.

_____ **2.** Puedes diseñar este tipo de página en tu computadora o en Internet.

_____ **3.** Puedes hacer esto con monedas, pósters, estampillas y otras cosas.

_____ **4.** Este tipo de ejercicio es muy divertido en grupo.

_____ **5.** La acción de incluirte en una actividad o club.

_____ **6.** Una persona a quien no le gusta esperar o que quiere hacer todo rápidamente.

_____ **7.** Puedes mandar una carta con ésta o la puedes incluir en una colección.

_____ **8.** Palabra para describir a una persona que pasa mucho tiempo sola.

```
E I M P A C I E N T E C
S H Q U R Y A H L Z P O
T S O L I T A R I A Á L
A O N D U E T R I A G E
M N R D J N I C N T I C
P A G A Z C T M R U N C
I P Á D T V E G Y H A I
L J N Q T O C I P F W O
L A H L O N R Z B N E N
A V A E R Ó B I C O B A
P A R T I C I P A R C R
```

¡Adiós al verano!

13 Completa el párrafo con el pronombre correcto según el contexto.

(1) _____ (Te / Nos / Me) fuimos a Castilla-La Mancha durante las vacaciones de otoño. Paseamos por los Montes de Toledo y seguimos hacia Guadalajara. En el camino, mi hermano compró un recuerdo para

(2) _____ (me / mí / le) en una pequeña tienda. Me gustó mucho y

(3) _____ (le / me / nos) di las gracias. Después, fuimos a ver las cuevas de arte rupestre. Mi papá quedó fascinado con las figuras pintadas en las cuevas. La gente que vivía en las cuevas (4) _____ (los / las / lo) pintó hace miles de años. Mi papá lo pasó de maravilla en las cuevas. A (5) _____ (él / nos / ella) le gusta mucho la historia. Al día siguiente, mi hermana

(6) _____ (nos / los / les) convenció de ir a la ciudad de Cuenca para ver los campos llenos de flores y tomarles fotografías. Nos divertimos mucho. Luego, mi hermanito (7) _____ (me / os / se) puso a llorar porque estaba muy cansado y mamá (8) _____ (le / se / lo) tuvo que acostar en el carro. Me divertí mucho en Castilla-La Mancha. Pienso ir el verano que viene también.

14 Completa las oraciones con el adjetivo demostrativo del cuadro que corresponda según el contexto.

este	estos	ese	esos	aquel	aquellos
esta	estas	esa	esas	aquella	aquellas

1. Me gusta más este restaurante que _____ café donde comimos la semana pasada.

2. ¿De dónde son _____ muchachos que están en nuestra clase de español?

3. Esta casa es más bonita que _____ casas de la otra calle.

4. _____ estampillas que tengo en la mano son de Francia.

5. _____ libro que tengo en mi escritorio es más interesante que aquél.

6. Este tren va a Madrid pero _____ dos trenes van a Guadalajara.

7. Aquella iglesia que vimos ayer es más antigua que _____ iglesia.

8. ¿Qué piensas hacer con _____ pósters que tienes en tu cuarto?

¡Adiós al verano!

15 Lee el texto sobre Ciudad Real. Luego, lee las oraciones que siguen y escribe **cierto** o **falso** basándote en lo que leíste.

Ciudad Real

Ciudad Real está a 110 kilómetros de distancia de Toledo. El rey Alfonso X, también conocido como Alfonso el Sabio, fundó la ciudad en 1255. Allí tuvieron lugar muchas batallas políticas y militares, pero se la conoce especialmente por ser una ciudad llena de historia, de arte y de cultura.

En Ciudad Real se puede ir a lugares muy interesantes, como el Museo del Quijote, donde puedes encontrar cientos de ediciones de la novela de Cervantes. Otro lugar de película es el Museo Provincial, donde hay exposiciones de arte paleolítico, o sea, el arte más viejo conocido (el arte de la Edad de Piedra). También tiene arte romano, como el Decempondio (una pesa de bronce de la época del emperador Adriano), y arte de muchos siglos posteriores. Otro lugar del que mucha gente disfruta es la iglesia de San Pedro. Esta iglesia, de arquitectura gótica, fue diseñada por Gil de Siloé en el siglo XIX y es muy famosa.

_____ **1.** Ciudad Real está muy cerca de Toledo.

_____ **2.** Alfonso el Sabio fundó Ciudad Real en 1255.

_____ **3.** Ciudad Real se conoce principalmente por las batallas militares que tuvieron lugar allí.

_____ **4.** No hay muchas atracciones para el turista en Ciudad Real.

_____ **5.** En el Museo del Quijote, hay muchas versiones de la novela de Cervantes.

_____ **6.** El arte paleolítico es un estilo de arte de la edad medieval.

_____ **7.** El Museo Provincial tiene arte romano.

_____ **8.** Gil de Siloé diseñó la iglesia de San Pedro.

¡Adiós al verano!

16 Escribe una oración según cada dibujo y la información dada *(given)*. Di si la persona nunca hizo la actividad, no la quiere hacer jamás, o hace cuánto tiempo la hace o la hizo.

1. Marta / 3 años

_____

_____

2. Nacho / nunca

_____

_____

3. Álvaro / 5 años / ver

_____

_____

4. Ana / nunca

_____

_____

5. Beatriz / intentar / jamás

_____

_____

6. Guillermo / vivir / 1 año

_____

_____

17 Tu amigo(a) quiere participar en las actividades que hay en tu colegio y quiere hacer nuevos amigos. Escríbele una carta donde le das consejos para este semestre que viene.

_____

_____

_____

_____

_____

_____

9

¡Adiós al verano!

18 Basándote en el dibujo, describe las vacaciones de esta familia. Di adónde fueron, qué hicieron y cómo lo pasaron. Usa **ser** y **estar,** palabras de **Vocabulario** y expresiones de **¡Exprésate!** Sé creativo.

_____

_____

_____

_____

_____

19 Rafael y Liliana están hablando de sus vacaciones del verano pasado. Escribe una conversación entre ellos en la que hablan de cómo lo pasaron y lo comparan con lo que les gustaba hacer de niños. Usa las expresiones del cuadro.

De pequeño(a),…	**¿Qué hiciste…?**	**¿Qué tal lo pasaste?**	**Viajé a…**
Lo/La encontré…	**Lo pasé de…**	**¿Adónde fuiste?**	**Fui a…**
¿Qué te pareció…?	**Siempre disfrutaba de…**	**Cuando era joven, solía…**	
Cuando tenía…años, me encantaba…		**De niño(a), me gustaba…**	

_____

_____

_____

_____

_____

_____

_____

¡A pasarlo bien!

1 Usa las definiciones que siguen como pistas para llenar el crucigrama.

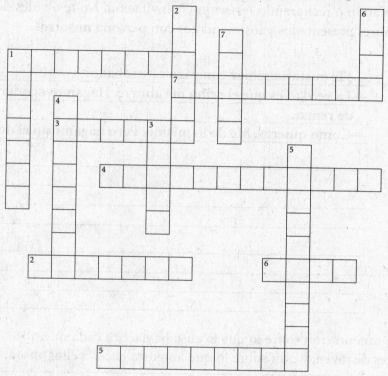

VERTICALES

1. Una actividad que se puede hacer en las montañas.

2. Los aficionados a las artes marciales suelen practicar el ___.

3. A una persona que está loca por los deportes acuáticos, probablemente le gusta ___.

4. Un ___ del ciclismo sale en bicicleta todos los días.

5. Un deporte que requiere caminar por las montañas o por el bosque.

6. Un deporte en que se usa un arco se llama el ___ con arco.

7. Un evento en el campeonato de atletismo es el ___ de altura.

HORIZONTALES

1. Manejar la espada como deporte.

2. Un deporte que se juega bajo techo con una bola grande y pesada.

3. Si un deporte te ____, no te diviertes al practicarlo.

4. Un juego con muchos pedazos pequeños que se puede hacer solo.

5. Si te la pasas haciendo crucigramas, este tipo de juego te parece ____.

6. Si no aguantas las computadoras, es probable que los juegos de computadora te dejen ____.

7. Si a una persona le gusta correr, debe practicar el ___.

¡A pasarlo bien!

2 Invita a tus amigos a hacer cada una de las actividades y escribe su respuesta, ya sea aceptando o rechazando *(rejecting)* la invitación. No te olvides de usar los pronombres presentados y los mandatos con persona **nosotros**.

MODELO

—¿Te gustaría remar conmigo este sábado?
—La verdad es que el remo me aburre. Hagamos senderismo en vez de remar.
—Como quieras. Me da lo mismo. Pero hagámoslo el domingo.

_____
_____
_____
_____

_____
_____
_____
_____

3 Escribe una oración sobre lo que le gustaba hacer a cada miembro de la familia Bogantes de joven, y otra sobre lo que les gusta hacer a ellos ahora.

persona	de joven	ahora
Sr. Bogantes	jugar al boliche	leer
Sra. Bogantes	hacer el salto de altura	remar
Elena Bogantes	correr	practicar atletismo
David Bogantes	el dominó	el tiro con arco

MODELO De niño, al señor Bogantes le gustaba jugar al boliche. Ahora le aburre practicar deportes. Prefiere leer.

1. _____
   _____

2. _____
   _____

3. _____
   _____

¡A pasarlo bien!

4 Completa las siguientes oraciones según el modelo usando mandatos con persona **nosotros.**

MODELO Como hay mucha distancia que cubrir, **viajemos por dos horas más.**

1. Como está lloviendo,

_____

2. Como te gustan los juegos de mesa,

_____

3. Como no podemos ir al partido de fútbol,

_____

4. Como hace calor y hay un lago cerca,

_____

5. Como nunca has visto el jai-alai,

_____

5 Imagínate que tus amigos y tú planearon un fin de semana ideal para hacer todas las actividades que les gustan, pero todo salió mal y no pudieron hacerlo. Tuvieron que quedarse en casa, pero como son tan creativos, de todas formas se divirtieron mucho. Basándote en los dibujos, explica qué pasó. Usa el vocabulario de **¡Exprésate!** y expresiones como **iba a + infinitivo, me gustaba** o **no me gustaba** y **mandatos con persona nosotros.**

_____

_____

_____

_____

_____

_____

_____

_____

_____

_____

_____

_____

_____

Holt Spanish 3

Cuaderno de actividades

¡A pasarlo bien!

6 Un amigo va a viajar a España y te pide consejos. Contesta sus preguntas.

_____ 1. Si quiero hacer senderismo, ¿adónde puedo ir?

_____ 2. ¿En qué parte de España puedo ver los primeros frontones de jai-alai?

_____ 3. Escuché que en Castilla-La Mancha se puede seguir la ruta de un personaje famoso. ¿Quién es?

_____ 4. ¿Dónde puedo comprar una pulsera damasquinada para mi mamá?

_____ 5. ¿En que ciudad de Castilla-La Mancha puedo comprar azulejos para mi casa?

7 Ricardo sabe mucho sobre la historia de Castilla-La Mancha, pero no sabe cuándo ocurrieron los hechos. Pon los siguientes eventos en orden.

_____ **a.** Los musulmanes echan a los visigodos y ocupan Castilla-La Mancha durante tres siglos.

_____ **b.** Alfonso VI es el líder de la reconquista cristiana de España contra los musulmanes.

_____ **c.** Castilla-La Mancha se convierte en región autónoma.

_____ **d.** Los romanos ocupan España.

_____ **e.** Felipe II traslada la capital de España de Toledo a Madrid.

_____ **f.** Los visigodos invaden la península y nombran capital a Toledo.

_____ **g.** Una batalla de la Guerra Civil de España ocurre en el Alcázar de Toledo.

8 Tu amigo está estudiando en Castilla-La Mancha y está aburrido. No sabe qué hacer para divertirse. Escríbele un correo electrónico y describe por lo menos cuatro cosas que puede hacer y dónde puede hacerlas.

_____

_____

_____

_____

_____

_____

¡A pasarlo bien!

9 Rodea con un círculo las siguientes palabras o frases de vocabulario y luego usa cinco de ellas en oraciones que describan a personas que conoces.

confiable	abierto	buen humor	malentendido	saber algo
celoso	terco	inseguro	leal	

```
L  I  X  P  A  A  B  I  E  R  T  O
T  E  R  C  O  Y  A  B  L  Z  D  C
T  X  A  E  Q  L  W  U  Y  I  L  O
A  O  N  L  U  E  T  E  D  A  E  N
M  N  R  O  J  N  I  N  N  T  C  F
P  A  G  S  Z  C  E  H  R  U  C  I
I  P  Á  O  T  T  E  U  Y  H  I  A
L  J  N  Q  N  O  C  M  P  F  O  B
I  N  S  E  G  U  R  O  B  N  N  L
A  V  L  E  R  Ó  B  R  C  O  A  E
P  A  D  S  A  B  E  R  A  L  G  O
M  O  U  T  W  S  X  M  H  G  P  Y
```

_____

_____

_____

_____

_____

_____

¡A pasarlo bien!

VOCABULARIO 2/GRAMÁTICA 2

10 Completa el párrafo con la palabra o la frase correcta según el contexto.

> **Mi compañero de clase José**
>
> No se (1) _____ (les / me) ocurre nadie más atento y cortés que
>
> José. (2) _____ (Lo / Las) conozco desde que estábamos en el
>
> tercer grado, y siempre (3) _____ (tenemos mucho en
>
> común / se puede contar con él) para todo. Ayuda a Madeline con sus
>
> tareas tras su accidente en la escalada deportiva. Discretamente
>
> (4) _____ (resuelve los problemas / hace las paces)
>
> de los estudiantes más populares que a menudo (5) _____
>
> (tienen celos / son creídos) ante los demás. En fin, es un muchacho
>
> (6) _____ (solidario / seco), ¡y el mejor amigo del mundo!

11 Completa las siguientes oraciones basándote en el dibujo y en el texto que acabas de leer.

    1. Siento mucho que _____

    2. Me alegra que _____

    3. Estoy orgulloso(a) de que _____

    4. Creo firmemente que _____

    5. Llegué a la conclusión de que _____

¡A pasarlo bien!

CAPÍTULO
2

VOCABULARIO 2/GRAMÁTICA 2

12 Compara tus cualidades con las de un(a) amigo(a). Escribe en el diagrama cuatro cualidades tuyas, cuatro de tu amigo(a) y cuatro que los dos tienen en común. Luego, usa toda la información y escribe un párrafo.

Mis cualidades

_____
_____
_____
_____

Cualidades en común

_____
_____
_____
_____

Cualidades de mi amigo(a)

_____
_____
_____
_____

_____
_____
_____
_____
_____
_____

13 Ricardo ve a su amiga Susana y ella parece triste. Él le pregunta qué pasa y ella explica que se ha peleado con su novio, José. Ella describe lo que no le gusta de José y lo que busca en un novio. Escribe la conversación entre Ricardo y Susana.

Ricardo: _____

Susana: _____

Ricardo: _____

Susana: _____

Ricardo: _____

Susana: _____

Ricardo: _____

17

¡A pasarlo bien!

LOS DEPORTES FAVORITOS

A Miguel, a Reina y a Juan les encanta el ciclismo. A Reina le gusta aún más remar en kayak en el mar. A Leonor y a Andrés también les gusta remar en kayak, y en ríos de corrientes fuertes. El año pasado a José le encantaba remar en los ríos turbulentos, pero ahora prefiere los kayaks de mar porque le gusta viajar distancias largas y acampar cerca de las montañas. A Ana y a Luis también les gusta acampar, pero más que todo son fanáticos de la escalada deportiva. A veces llegan en bicicleta porque les gusta el ciclismo, luego escalan las altas rocas y al final acampan un par de días. A Antonio no le gustan las montañas, pero le encanta nadar, al igual que a Enrique y a Carmen. Comparten su pasión por nadar en agua dulce y salada y también les encanta el esquí acuático. Enrique siempre lo pasa bien en el trampolín *(diving board),* desde el cual se impulsa a hacer varias piruetas antes de entrar al agua perfectamente sin hacer ninguna ola en la piscina.

14 Basándote en lo que leíste, decide si cada oración es **cierta (C)** o **falsa (F).**

_____ **1.** A Reina no le gusta andar en bicicleta.

_____ **2.** Ahora José prefiere remar en los ríos.

_____ **3.** Ana y Luis son grandes aficionados a la escalada deportiva.

_____ **4.** A Ana y a Luis los deja fríos el ciclismo.

_____ **5.** José encuentra genial acampar cerca de las montañas.

_____ **6.** Enrique y Carmen están locos por los deportes acuáticos.

15 Basándote en lo que leíste, escoge la respuesta lógica a cada oración.

_____ **1.** Reina, ¿te gustaría practicar ciclismo este fin de semana?
   a. Claro. Estoy loca por el ciclismo.
   b. Pues, la verdad es que el ciclismo me deja fría.

_____ **2.** José, eres muy bueno para remar, ¿verdad?
   a. El remo me parece muy aburrido.
   b. Sí, me la paso remando todo el tiempo.

_____ **3.** Enrique, ¿qué deporte te gusta a ti?
   a. Pues, soy un gran aficionado a la natación.
   b. Siempre lo paso bien haciendo senderismo.

_____ **4.** Antonio, ¿qué tal si vamos a la piscina?
   a. De acuerdo. Creo que la natación es genial.
   b. No, gracias. No aguanto la natación.

18

¡A pasarlo bien!

16 Di si cada uno de estos deportes te pone de buen humor, no te gusta o te da lo mismo. Di si lo hiciste alguna vez. Si no, di si te gustaría hacerlo. No te olvides de usar los pronombres del complemento directo e indirecto.

_____

_____

_____

_____

_____

_____

_____

_____

_____

_____

_____

_____

_____

_____

_____

_____

_____

_____

17 Escribe un párrafo sobre lo que te gusta y te alegra, lo que te frustra o molesta cuando practicas tu deporte favorito.

_____

_____

_____

_____

_____

_____

_____

¡A pasarlo bien!

18 Las amistades siempre tienen algo en común, como la generosidad y la confianza mutua. Piensa en algún cuento, novela, programa de televisión o película en que figuren dos amigos, y luego piensa en un amigo(a) que tengas. ¿En qué se parece y cómo se diferencia la amistad de los personajes de la amistad que tienes con tu amigo(a)?

_____

_____

_____

_____

_____

_____

_____

_____

19 Acabas de mudarte a España y quieres hacerte amigo(a) de alguien que tenga tus mismos intereses. Hay un periódico local que tiene una sección de anuncios para la gente que busca amigos de intercambio. Describe el tipo de persona que buscas usando el subjuntivo. Incluye información sobre cómo debe ser la persona y las actividades que quieres hacer con él (ella).

_____

_____

_____

_____

_____

_____

_____

1 Completa las oraciones con la expresión en paréntesis que corresponda según el contexto.

1. Mi compañero de clase dijo que hay un restaurante en el Valle del Cibao, República Dominicana, que (tiene respeto / tiene fama) _____ de tener meseros antipáticos. Sin embargo, yo creo que él los (juzga / suspende) _____ mal, pues a mí me trataron muy bien.

2. El crítico dice que en el cine cubano hay (una falta / un estereotipo) _____ de diversidad. Yo vi algunas películas y creo que él (aprueba / tiene una impresión equivocada) _____ . No estoy de acuerdo con lo que piensa.

3. Me dijeron que en Puerto Rico la gente no se preocupa por el medio ambiente. (¡Es verdad! / ¡Qué va!) _____ Al investigar un poco, me di cuenta de que esa opinión se debe a (la geografía / la ignorancia) _____ . Hay muchas organizaciones de conservación.

4. Un compañero dijo que en Santo Domingo la gente es perezosa y no hace más que ir a la playa. (¡Qué falta de respeto! / No hay igualdad.) _____ Hay que (juzgar / combatir) _____ este estereotipo y enseñar a la gente la rica cultura del país.

5. El (artículo científico / estereotipo) _____ de que las mujeres no pueden jugar a los deportes es tonto. Esa idea sobre la mujer resulta de la (imagen / discriminación) _____ .

21

Todo tiene solución

2 Usa las expresiones del cuadro para escribir una queja *(complaint)* sobre los siguientes temas y explica por qué. Sigue el modelo como guía.

MODELO el curso que menos te gusta

¡No aguanto más! En este curso tenemos pruebas y exámenes todos los días. No me queda tiempo para estudiar otra cosa.

¡No aguanto más!	¡Qué horrible!	Me choca...
¡No me gusta para nada!	¡Esto es el colmo!	

1. la música que menos te gusta

_____

2. el deporte que menos te gusta

_____

3. el programa de televisión que menos te gusta

_____

4. la ropa que menos te gusta

_____

5. el lugar que menos te gusta visitar

_____

3 Escoge la forma correcta del verbo en paréntesis según el contexto.

Ayer tuve tiempo de (**1**) _____ (examinar / examine) la información

sobre una universidad que me interesa. A mi parecer, no hay igualdad entre los

cursos que se espera que (**2**) _____ (tomar / tomen) los estudiantes que

se van a (**3**) _____ (concentrar / concentren) en ciencias, y los cursos

que debe tomar un estudiante interesado en humanidades. Si me decido por

biología, tendré que (**4**) _____ (completar / complete) al menos cuatro

cursos de humanidades para graduarme, mientras que los estudiantes de

humanidades sólo tienen que tomar dos cursos de ciencias. No creo que

(**5**) _____ (ser / sea) justo. Espero que otras universidades

(**6**) _____ (exigir / exijan) requisitos más comparables.

Todo tiene solución

4 Estás escribiendo en tu diario y anotas cinco opiniones sobre el colegio y las clases. Para cada una deberás incluir las siguientes palabras en su forma correcta.

1. tomar apuntes

_____

2. aprobar

_____

3. álgebra y geometría

_____

4. suspender

_____

5. semestre

_____

5 Escribe un párrafo sobre la comunicación entre personas de diferentes culturas. Usa expresiones como (**no**) **es cierto que**, (**no**) **es verdad que**, (**no**) **creo que** y las palabras del cuadro.

| ignorancia |
| actitud |
| estereotipos |
| discriminación |
| respetar |

_____

_____

_____

_____

_____

_____

_____

Todo tiene solución

6 Lee las siguientes oraciones y decide si cada una es **cierta** (**C**) o **falsa** (**F**).

_____ **1.** El telescopio de un solo plato más grande del mundo está en Puerto Rico.

_____ **2.** Los huracanes no ocurren con frecuencia en el Caribe.

_____ **3.** España perdió las islas de Puerto Rico y Cuba a Estados Unidos en 1912.

_____ **4.** La flotilla de Mariel trajo a más de 125.000 cubanos a Florida.

_____ **5.** Hoy en día, el gobierno de Estados Unidos insiste en que se den las clases solamente en inglés en los colegios de Puerto Rico.

7 Contesta las siguientes preguntas sobre el Caribe.

1. Nombra tres países o territorios de habla hispana en el Caribe.

_____

2. Nombra tres de las industrias principales del Caribe.

_____

3. ¿Con qué país comparte una isla la República Dominicana?

_____

4. Nombra a dos artistas cubanos.

_____

5. ¿Cómo se llama el grupo de las cuatro islas más grandes del Caribe?

_____

8 Has recibido un premio por tus excelentes notas en español: ¡un viaje al Caribe! Escribe un párrafo sobre tu concepto de un viaje ideal. Incluye por lo menos tres lugares que piensas visitar, tres actividades que vas a hacer y dos platos que quieres probar.

_____

_____

_____

_____

_____

_____

_____

Todo tiene solución

9 Rodea con un círculo las siguientes palabras de vocabulario y úsalas en un párrafo sobre el amor, la amistad y los conflictos.

reconciliar	ofender	maltratar	disculpar	herir
abrazo	infiel	olvidar	resentido	besar

```
R  I  X  P  A  A  B  R  A  Z  O  O
R  E  S  E  N  T  I  D  O  Z  L  Á
B  X  C  E  Q  L  S  U  Y  I  V  G
I  O  N  O  U  E  Ú  E  R  A  I  I
N  N  R  O  N  N  R  A  N  T  D  N
F  A  G  S  Z  C  T  B  E  S  A  R
I  N  F  I  E  A  I  I  U  Y  R  H
E  J  N  Q  R  O  N  L  P  F  O  E
L  N  S  T  G  U  F  O  I  N  N  R
A  V  L  E  R  Ó  I  R  C  A  A  I
P  A  D  I  S  C  U  L  P  A  R  R
M  O  U  T  W  O  F  E  N  D  E  R
```

_____

_____

_____

_____

_____

_____

Todo tiene solución

10 Completa las oraciones con una opción lógica.

_____ **1.** Si tienes un(a) buen(a) amigo(a), sería buena idea...
    a. discutir con él (ella).
    b. confiar en él (ella).

_____ **2.** Si cometes un error, debes...
    a. admitirlo.
    b. olvidarlo.

_____ **3.** No te conviene...
    a. dejar de hablarle a un(a) amigo(a) porque discutieron.
    b. darle un abrazo a un(a) amigo(a) porque discutieron.

_____ **4.** Si alguien está resentido(a) contigo, es bueno...
    a. darle tiempo para pensarlo.
    b. pelearte con él (ella).

11 Imagina que el próximo semestre vas a vivir con una familia puertorriqueña, los Serrano, por dos meses. Escribe por lo menos dos oraciones por cada ilustración y usa el futuro de los verbos para explicar tus planes.

1. poder aprender / estudiar

_____
_____

2. conversar mucho / practicar

_____
_____

3. visitar / sacar fotos

_____
_____

4. aprender a tocar el bongó / divertirse

_____
_____

Todo tiene solución

12 Javier está muy lejos de su país. Completa las oraciones para expresar lo que Javier piensa que su familia y sus amigos probablemente estarán haciendo.

> **MODELO** tía Mariela / conversar con sus amigas
> **Tía Mariela estará conversando con sus amigas.**

1. mi hermano Juan / jugar al fútbol en el club

_____

2. mamá / estar trabajando en su estudio

_____

3. los compañeros de la banda / grabar su nueva canción

_____

4. mis hermanitos / jugar videojuegos

_____

5. mi perro Felipe / dormir en mi cama

_____

13 Explica qué harías en las siguientes situaciones. Usa el condicional y el modelo como guía.

> **MODELO** si no tuvieras que asistir al colegio todos los días
> **Si no tuviera que asistir al colegio todos los días, iría a la playa.**

1. si pudieras tomar un curso en la universidad

_____

2. si pudieras cambiar la calificación de tu último examen

_____

3. si fueras el profesor de un estudiante que se queja *(complains)*

_____

4. si tuvieras un compañero que siempre discute con el profesor

_____

5. si tuvieras que aconsejar a un joven que siempre pelea con el profesor

_____

Todo tiene solución

14 Lee el correo electrónico que Roberto le escribió a Caterina y contesta las preguntas.

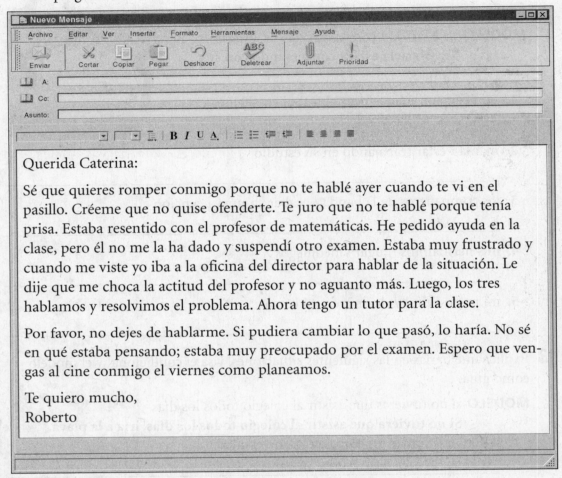

Querida Caterina:

Sé que quieres romper conmigo porque no te hablé ayer cuando te vi en el pasillo. Créeme que no quise ofenderte. Te juro que no te hablé porque tenía prisa. Estaba resentido con el profesor de matemáticas. He pedido ayuda en la clase, pero él no me la ha dado y suspendí otro examen. Estaba muy frustrado y cuando me viste yo iba a la oficina del director para hablar de la situación. Le dije que me choca la actitud del profesor y no aguanto más. Luego, los tres hablamos y resolvimos el problema. Ahora tengo un tutor para la clase.

Por favor, no dejes de hablarme. Si pudiera cambiar lo que pasó, lo haría. No sé en qué estaba pensando; estaba muy preocupado por el examen. Espero que vengas al cine conmigo el viernes como planeamos.

Te quiero mucho,
Roberto

1. ¿Por qué Caterina está resentida con Roberto?

_____

2. ¿Roberto le ofendió a propósito? Explica.

_____

3. ¿Roberto quiere hacer las paces con Caterina? Explica.

_____

4. ¿Que le sugerirías a Roberto?

_____

5. ¿Qué le aconsejarías a Caterina?

_____

28

Todo tiene solución

15 Lee los comentarios y escribe la letra del dibujo que corresponda a cada uno.

a. b. c.

_____ **1.** La profesora de ciencias sociales nos da muchísima tarea. ¡No me gusta para nada!

_____ **2.** Esta mañana Lisa y yo discutimos porque yo quería practicar ciclismo y ella tenía que hacer la tarea. Ahora ha dejado de hablarme.

_____ **3.** Hoy en la clase de física, Luis dijo que las mujeres no saben practicar deportes. Hice patinaje en línea con él para demostrar su ignorancia.

16 Lee las siguientes oraciones y decide si cada una es **cierta (C)** o **falsa (F)**.

_____ **1.** Las mujeres siempre se sienten ofendidas y los hombres no.

_____ **2.** La reconciliación ocurre cuando las personas hacen las paces.

_____ **3.** Es bueno juzgar a la gente basándose en los estereotipos.

_____ **4.** Los prejuicios suelen ser un resultado de la ignorancia.

_____ **5.** Es una falta de respeto pedirle perdón a una persona.

17 Lee los comentarios y escribe un consejo para cada uno.

1. Quería dar una caminata con mi novia, pero está lloviendo a cántaros.

_____

2. Dije que todos los futbolistas son tontos y mi amigo José, que está en el equipo de fútbol, me oyó.

_____

3. Escuché que mi novio practicó ciclismo con Mónica el sábado y estoy muy resentida con él.

_____

CAPÍTULO

3

Todo tiene solución

INTEGRACIÓN

18 Escribe una conversación corta para cada una de las siguientes ilustraciones.

_____
_____
_____
_____
_____

_____
_____
_____
_____

_____
_____
_____

19 Imagina que siempre has querido ser artista. Ahora vas a ir a la universidad y tienes que elegir las clases que vas a tomar. Escoge las clases que más te interesen y describe en detalle lo que te gustaría hacer. Sé creativo(a).

_____
_____
_____
_____
_____
_____
_____
_____
_____

Entre familia

1 En la primera parte de este árbol familiar vas a ver a Ramón, a sus padres y a su primer matrimonio, y en la segunda parte verás a su segundo matrimonio. Mira el árbol y completa las oraciones con la palabra correcta.

UN ÁRBOL FAMILIAR

Pedro Flores ——————————— Carmen Berríos de Flores

Ramón Flores Berríos ——— Magdalena Núñez de Flores
primera esposa de Ramón

Paula Flores Núñez

Ramón Flores Berríos ——— Luz Sánchez de Flores
segunda esposa de Ramón

David Flores Sánchez   Daniela Castañeda Sánchez
hija de Luz

---

1. Carmen Berríos de Flores era la (suegra / medio hermana)

_____ de Magdalena Núñez.

2. Ahora Pedro Flores es el (cuñado / suegro) _____ de Luz Sánchez de Flores.

3. Paula es la (cuñada / medio hermana) _____ de David.

4. Magdalena Núñez y Ramón Flores (se comprometieron / se divorciaron)

_____ .

5. Daniela es la (hermanastra / medio hermana) _____ de David.

6. Ramón es el (padrastro / suegro) _____ de Daniela.

2 Escribe la palabra de **Vocabulario** que corresponda a cada una de las siguientes definiciones.

_____ **1.** Cuando una persona termina sus estudios.

_____ **2.** Ocasión en que toda la familia se junta.

_____ **3.** Otra manera de decir "tener un bebé".

_____ **4.** Cuando dos personas prometen casarse.

_____ **5.** Regalo que se da cuando dos personas se comprometen.

_____ **6.** Dos personas que tienen la misma mamá pero diferentes papás.

Entre familia

3 No has visto a tus familiares en mucho tiempo. Hablaste con tu abuela hace poco y te contó las cosas que tus familiares han hecho o están haciendo ahora. Mira los dibujos y escribe una oración con la información dada. Sigue el modelo.

MODELO Tu tío Memo se ha cambiado de casa.

tío Memo
(pasado)

1. Julia
(ahora)

2. tío Leonardo
(pasado)

3. primo
(ahora)

4. tía Ángeles
(pasado)

_____

_____

_____

4 La música del Caribe es muy popular no sólo en Latinoamérica, sino también en Estados Unidos. Escoge entre el presente perfecto del indicativo y el presente perfecto del subjuntivo de los verbos en paréntesis.

1. Los académicos (han hecho / hayan hecho) _____ muchos estudios sobre la música latina moderna.

2. Mucha gente (ha gozado / haya gozado) _____ del sonido de las canciones nuevas y viejas que interpretan los artistas latinos.

3. No dudo que muchas personas (han disfrutado / hayan disfrutado)

_____ del ritmo contagioso del dominicano Juan Luis Guerra.

4. Tito Puente y Gloria Estefan (han contribuido / hayan contribuido)

_____ mucho a popularizar el sonido latino en Estados Unidos.

5. Debido a sus ritmos alegres, es lógico que el sonido latino (haya llegado / ha llegado) _____ a ser popular en Estados Unidos.

Entre familia

5 Tu tía Ángela y tu tío Román están hablando en una reunión familiar. Completa su conversación con el presente progresivo y el presente perfecto del indicativo o del subjuntivo según el contexto.

Román   Hola Ángela. ¡Cuánto tiempo sin verte! No te

(**1**) _____ (ver) desde el año pasado. ¿Cómo

(**2**) _____ (estar)?

Ángela   Muy bien, gracias. Pues, (**3**) _____ (trabajar) con Elías

en la tienda. Y tú, ¿qué me cuentas de tu vida?

Román   Fíjate que tu sobrino Enrique (**4**) _____ (graduarse)

de la universidad y ahora (**5**) _____ (buscar) trabajo.

Ángela   ¡Qué bien! Me alegra que (**6**) _____ (terminar).

Román   ¿Y qué (**7**) _____ (hacer) mi cuñado Elías?

Ángela   Bueno, ahora (**8**) _____ (tomar) clases de negocios en

la universidad cerca de la casa, además de trabajar en la tienda.

Román   ¡No me digas! ¡Qué sorpresa que (**9**) _____ (decidirse)

a tomar clases a su edad! No lo hace mucha gente. ¡Qué bueno!

Cambiando de tema, ¿qué sabes de nuestro hermano Rubén?

¿Por qué no (**10**) _____ (llegar) todavía?

Ángela   Según tengo entendido, perdió su vuelo y (**11**) _____

(esperar) en el aeropuerto para tomar otro.

Román   ¡No me lo puedo creer! ¡Ese hermano nuestro! Qué pena que

(**12**) _____ (perder) su vuelo porque aquí estamos

reunidos todos los de la familia. Ojalá que llegue pronto.

6 No has visto a tu primo(a) durante mucho tiempo y quieres saber cómo está su familia. Escríbele un correo electrónico y pregúntale qué han hecho o están haciendo tus parientes. Usa las palabras de **Vocabulario** y las expresiones de **¡Exprésate!**

_____

_____

_____

_____

_____

Entre familia

7 Lee las oraciones y escoge la respuesta que corresponda.

_____ **1.** ¿Qué vegetal parecido a la papa se come en el Caribe?
  a. el plátano   **b.** la yuca   **c.** el mango

_____ **2.** ¿Cuál es el plato nacional de la República Dominicana?
  a. la ropa vieja   **b.** el arroz con pollo   **c.** el sancocho

_____ **3.** ¿Cuál es el ingrediente principal del ceviche?
  a. el pescado   **b.** el ají   **c.** el limón

_____ **4.** ¿En qué ciudad se encuentra el Alcázar de Colón?
  a. Santo Domingo   **b.** San Juan   **c.** San Salvador

_____ **5.** ¿Cuál es el protagonista que tienen en común muchos de los cuadros
  del pintor cubano Mariano Rodriguez?
  a. una mujer   **b.** un gallo   **c.** un barco

8 Eres un guía turístico y quieres que los turistas disfruten de su viaje al Caribe.
Escribe un breve recorrido que incluya los mejores sitios para visitar, su historia y
las actividades que se pueden hacer en estos lugares.

> ### Un recorrido por el Caribe
>
>
>
>
>
>
>
>
>
>

9 Contesta las siguientes preguntas.

1. Escribe dos diferencias entre la familia de países hispanohablantes y
tu familia.

_____

_____

2. ¿Por qué los novios tienen dos ceremonias de matrimonio en Latinoamérica?

_____

_____

Entre familia

10 Completa las oraciones con una palabra del cuadro según el contexto.

langosta	aguacate	salchicha	cerezas	bizcocho	camarones
lima	pepino	limón	apio	yogur	

1. Mi hermana y yo somos vegetarianas y nos encanta el arroz con frijoles o una ensalada fresca de lechuga, _____ y _____ .

2. Los jugos cítricos, como el de la _____ y el _____ , van muy bien sobre el pescado.

3. A mí me gusta ponerle _____ picado a la ensalada de atún.

4. Una paella no está completa sin al menos unos cuantos _____ .

5. Por lo general, cocinamos la _____ a la parrilla y la comemos con pan.

6. A muchas personas les gusta comer el _____ mezclado con una fruta como las _____ , por ejemplo.

7. Para preparar la _____ , hay que cocinarla en agua muy caliente.

8. Después de cenar, un postre como el _____ va muy bien con un café.

11 Contesta las siguientes preguntas.

1. ¿Cómo lo pasaron ustedes en la reunión familiar?

   _____

2. ¿Qué hicieron durante el día?

   _____

3. ¿Le diste el regalo a la abuela al verla?

   _____

4. ¿Qué trajiste para la cena?

   _____

5. ¿Qué pasó con tu hermanastro?

   _____

Entre familia

12 José preparó varios platos para una feria cultural. Algunos le salieron bien y otros le salieron mal. Mira cada uno de los platos que hizo y escribe un cumplido *(compliment)* si le salió bien o una explicación con **se** y un pronombre de complemento indirecto si le salió mal. Sigue el modelo.

MODELO El bizcocho sabe delicioso.

BIEN

1. MAL   **2.** MAL   **3.** MAL   **4.** BIEN

_____ _____ _____ _____

_____ _____ _____ _____

_____ _____ _____ _____

13 Completa las oraciones con un verbo en el pretérito o el pasado progresivo.

MODELO Estaba caminando cuando **él pasó por el otro lado de la calle.**

1. Estaba comiendo cuando _____

2. Salí de viaje en cuanto _____

3. Cuando vino a visitarme, yo _____

4. Estaba de compras cuando _____

5. Al salir de mi casa _____

6. En cuanto terminé de jugar al fútbol _____

Entre familia

14 Combina las palabras dadas para decir lo que le pasó a cada una de las siguientes personas. Usa **se** con un pronombre de complemento indirecto y un verbo en pretérito. Sigue el modelo.

MODELO José / caer / los platos
A José se le cayeron los platos.

1. Marta / olvidar / las llaves

   _____

2. Alejandro / perder / el libro de español

   _____

3. Gustavo / romper / la computadora

   _____

4. nosotros / irse / el autobús

   _____

5. ellos / acabar / el tiempo

   _____

6. yo / caer / los libros

   _____

15 Escoge tu plato favorito y descríbelo en un párrafo. Haz una lista de los ingredientes que se necesitan y explica cómo se prepara.

_____

_____

_____

_____

_____

_____

Entre familia

16 Lee el siguiente texto sobre la influencia de la cultura africana en la cultura del Caribe. Luego, lee las oraciones que siguen y decide si cada una es **cierta (C)** o **falsa (F)**.

La influencia cultural de los africanos se ve en muchos aspectos de la cultura del Caribe, por ejemplo, en el idioma, la comida y la música. Los africanos han aportado palabras de sus idiomas de origen al español del Caribe, además de sus comidas típicas. La gastronomía africana se mezcló con la comida europea e indígena para formar una tradición gastronómica única en esta región. Un ejemplo es el quimbombó guisado *(okra stew)* de Cuba que tiene sus orígenes en un plato africano.

Además de las contribuciones lingüísticas y gastronómicas, los africanos trajeron su música al Caribe. Algunos de sus instrumentos, como las congas, forman parte de los ritmos hasta hoy en día. En el barrio de San Antón, de la ciudad de Ponce, en el sur de Puerto Rico, surgió una música y baile muy alegre y animado llamado *plena*. Las mujeres, al bailarla, llevan vestidos y blusas blancas. Hoy en día, la plena es popular no solamente en Puerto Rico y el Caribe, sino también en algunas partes de Estados Unidos.

_____ **1.** La influencia africana en el Caribe no es importante.

_____ **2.** La comida del Caribe es una mezcla de comida africana, europea e indígena.

_____ **3.** El quimbombó guisado es un tipo de música africana.

_____ **4.** Los africanos inventaron su propia música al llegar al Caribe.

_____ **5.** Las congas son un instrumento musical que se usa hoy en día.

_____ **6.** La plena surgió en Ponce, Puerto Rico.

_____ **7.** Por lo general, las mujeres no bailan la plena.

_____ **8.** La plena es popular en algunas partes de Estados Unidos.

Entre familia

17 Usa las definiciones que siguen como pistas para llenar el crucigrama.

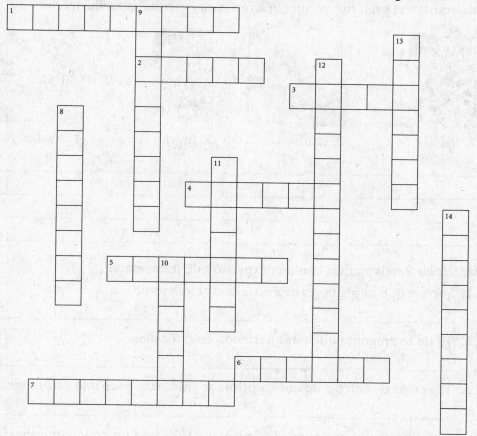

Horizontales

1. No es tu mamá, pero está casada con tu papá.

2. Éstas se hacen al secar uvas.

3. Es una buena comida si estás a dieta.

4. Así llamarás al papá de tu esposo(a).

5. Dos personas pueden hacer esto en una iglesia.

6. Es una fruta pequeña, roja y redonda.

7. Si has comido guacamole, has comido uno de esos.

Verticales

8. Es un postre que tienes que cocinar en el horno.

9. Es parecido a divorciarse.

10. Este melón va muy bien en una ensalada de frutas.

11. Es una ceremonia para una persona que ha muerto.

12. Esto hacen dos personas que se quieren casar.

13. Es una fruta parecida a la naranja.

14. Esta verdura tiene una variedad de formas.

Entre familia

18 Estas personas estaban haciendo algo cuando otra cosa pasó. Usa el pasado progresivo y el pretérito en una oración para describir cada ilustración.

1. Pablo   **2.** Raúl   **3.** Ingrid   **4.** Nacho

_____ _____ _____ _____

_____ _____ _____ _____

_____ _____ _____ _____

19 Reacciona a cada noticia con una expresión de **¡Exprésate!**

   1. Supiste que tu primo es una estrella de Hollywood.

_____

   2. Tu tía te pregunta qué estás haciendo en estos días.

_____

   3. Te acabas de enterar de que tu prima se casó hace poco y te sorprende.

_____

   4. Estás comiendo una ensalada de frutas y le dices a un amigo que algo falta.

_____

20 Tienes que hacer una muestra *(sample)* de una receta del mundo hispano para la feria cultural. Escribe la receta con una lista de los ingredientes. Explica cómo se prepara el plato.

Mi plato favorito

El arte y la música

1 Mira las imágenes y completa las siguientes oraciones con una palabra apropiada de **Vocabulario.**

   1.   2.   3.   4.   5.

   1. El edificio del Museo de Arte es una muestra de _____ .

   El edificio me parece _____ .

   2. Esta pintura es un ejemplo de un _____ .

   La pintura me parece _____ .

   3. Esta estatua es un tipo de _____ .

   La estatua me parece _____ .

   4. Este artista francés hizo una pintura con _____ .

   La pintura me parece _____ .

   5. El artesano creó esta obra de arte con la técnica de _____ .

   Su trabajo me parece _____ .

2 Escoge el tipo de arte o arquitectura que más te gusta y di por qué.

   1. Me gusta más la (fotografía / cinematografía) porque

   _____

   2. Me gustan más (las torres / los puentes) porque

   _____

   3. Me gustan más (las pinturas en un museo / los murales al aire libre) porque

   _____

   4. Me gustan más (los edificios de adobe / los edificios modernos) porque

   _____

   5. Me gustan más (los dibujos / las acuarelas) porque

   _____

41

VOCABULARIO 1/GRAMÁTICA 1

3 Describe en un párrafo el orden en que te gustaría recorrer las diferentes salas del museo, según el siguiente plano, y di por qué. No tienes que ir a todas las salas.

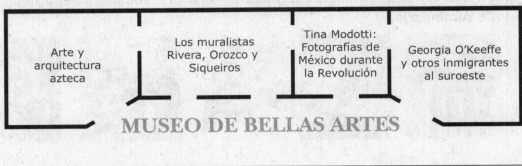

Arte y arquitectura azteca

Los muralistas Rivera, Orozco y Siqueiros

Tina Modotti: Fotografías de México durante la Revolución

Georgia O'Keeffe y otros inmigrantes al suroeste

MUSEO DE BELLAS ARTES

_____
_____
_____
_____
_____
_____

4 Completa las siguientes preguntas con expresiones que sirvan para empezar o cambiar el tema de una conversación y luego escribe una respuesta. Sigue la primera oración como guía.

1. _____**Hablando de viajes**_____ , me encantaría ir de vacaciones a otro país. ¿Qué has oído de México?

   Dicen que es impresionante y que se pueden ver cosas hermosas.
   _____

2. _____ , ¿alguna vez has visto las artesanías de los indígenas seris del estado mexicano de Sonora?

   _____
   _____

3. _____ , ¿qué me dices de la espectacular Barranca del Cobre, cuatro veces más grande que el Gran Cañón de Arizona?

   _____
   _____

4. _____ la belleza de la naturaleza. ¿Dónde prefieres vivir, en un lugar con montañas y ríos, o con playas y mares?

   _____
   _____

(42)

VOCABULARIO 1/GRAMÁTICA 1

5 Completa la siguiente conversación usando la voz pasiva con **se**.

Lupe ¿Viste el anuncio que decía "**(1)** _____ (vender) clarinete nuevo"?

José Sí, lo vi en el tablero de anuncios afuera del auditorio donde

(2) _____ (presentar) el concierto de la sinfónica anoche.

Lupe Pienso comprarlo porque no **(3)** _____ (poder) encontrar un

instrumento como éste todos los días.

José Estoy de acuerdo. Yo quiero responder al anuncio "**(4)** _____

(ofrecer) clases de oboe".

Lupe ¡Sería magnífico! En mi opinión, los instrumentos de viento de madera

son mejores que todos los demás. **(5)** _____ (decir) que es difícil

aprender a tocarlos.

6 Para cada ilustración, escribe una oración usando la voz pasiva con **ser**.

1.   2.   3.

4.   5.

1. _____

2. _____

3. _____

4. _____

5. _____

El arte y la música

7 Lee las preguntas y escoge la respuesta que corresponda.

_____ **1.** ¿Cuál de las siguientes es una industria importante en el Suroeste?
a. los ladrillos de adobe **b.** la tecnología   **c.** los textiles

_____ **2.** ¿Cuándo fue la batalla del Álamo?
a. marzo de 1846   **b.** marzo de 1845   **c.** marzo de 1836

_____ **3.** ¿La Misión San Xavier del Bac es un ejemplo de qué estilo de arquitectura?
a. barroco   **b.** mudéjar   **c.** gótico

_____ **4.** ¿A qué pueblo viajó Georgia O'Keeffe en 1929?
a. Tucson   **b.** San Diego   **c.** Taos

_____ **5.** ¿Quién es el pintor de *Sandía*?
a. Georgia O'Keeffe   **b.** Carmen Lomas Garza   **c.** Mario Torero

8 Contesta las preguntas con una oración completa.

1. ¿Qué hacen las personas que cruzan la frontera entre Tijuana y San Diego?

_____

2. ¿Cuál es una característica interesante del cactus Saguaro?

_____

3. ¿Por qué llegaron las tropas estadounidenses al río Bravo del Norte en 1846?

_____

4. ¿Qué significa la batalla de San Jacinto para Texas?

_____

9 Tienes un(a) amigo(a) que quiere viajar al Suroeste y al norte de México, pero no conoce nada de la región. Escríbele un mensaje y sugiérele que visite varios lugares donde pueda conocer la historia y la cultura de esta región.

_____

_____

_____

_____

_____

_____

El arte y la música

10 Describe cada uno de los dibujos con una palabra de cada columna. Sigue el modelo.

COLUMNA A	COLUMNA B
A. reseña	**a.** formidable
B. cantante	**b.** entretenido
C. drama	**c.** estridente
D. ballet	**d.** incomprensible
E. ritmo	**e.** pésima
F. arquitectura	**f.** impresionante

MODELO ___F, f___

1. _____

2. _____

3. _____

4. _____

5. _____

11 Completa las oraciones con tu opinión y las expresiones de ¡**Exprésate!**

1. Es mejor que veas _____ porque

_____

2. Sería buena idea ir a ver _____ porque

_____

3. Te aconsejo que vayas a ver _____

porque _____

4. No te olvides de _____ porque

_____

5. Prefiero que nosotros _____ porque

_____

12 Viste una obra de teatro con algunos amigos. Lee los comentarios y escribe una oración para expresar cada uno de otra forma. Sigue la primera oración como guía.

1. A David le gustó la comedia, pero no le gustó nada la música.
   La comedia fue muy creativa, pero la música era muy estridente.

2. A Liliana le gustó mucho la música.

_____

3. Francisco dice que no entendió nada de la obra.

_____

4. Alejandro no pudo ver la obra porque llegó tarde y no encontró un asiento.

_____

5. Isabel recomienda la obra. Dice que es formidable.

_____

(46)

Nombre _____ Clase _____ Fecha _____

13 Describe lo que la persona a la derecha había hecho cuando la persona a la izquierda la llamó por teléfono. Usa el pluscuamperfecto en tus oraciones y sigue el modelo.

Ana

Beatriz

MODELO
Cuando Ana llamó, Beatriz ya había salido para su clase de pintura.

1.

Felipe

Daniel

_____
_____

2.

Evaristo

Esteban

_____
_____

3.

Virginia

Sarita

_____
_____

4.

Juan

Teresa

_____
_____

El arte y la música

14 Lee la carta que Emiliano le escribió a su hermana durante su viaje a la Ciudad de México. Luego, lee las oraciones y decide si cada una es **cierta** o **falsa**.

Hola hermana:

¿Cómo estás? Espero que bien. Te cuento que mi viaje a México ha sido el más divertido de mi vida. La Ciudad de México es bellísima. Hoy fui al Zócalo en el centro de la ciudad. El Zócalo es grandísimo. No he visto otra plaza tan grande como ésta. Hay una gigantesca bandera mexicana en el centro de la plaza. La catedral y el Palacio Nacional también están en la plaza. A un lado de la catedral se encuentra el templo mayor. El templo mayor fue construido por los aztecas y pertenecía a la ciudad de Tenochtitlán, la capital del imperio azteca. El templo es impresionante porque puedes ver cómo los aztecas lo construyeron por etapas, es decir, que construían una parte y luego construían más sobre ella. Se dice que hay una mejor vista del templo mayor desde la Torre Latinoamericana, el edificio más alto de la ciudad. La torre está a unas tres cuadras del Zócalo y pienso ir esta tarde. Bueno hermana, me despido por el momento. Espero que estés bien. ¡Nos vemos pronto!

Saludos,

Emiliano

_____ 1. Emiliano viajó a la Ciudad de México.

_____ 2. El día que escribió la carta, Emiliano había ido al Zócalo.

_____ 3. El Zócalo no le llamó la atención a Emiliano.

_____ 4. El Palacio Nacional y la Torre Latinoamericana están en el Zócalo.

_____ 5. El templo mayor fue construido por los españoles para ayudar a los aztecas.

_____ 6. Los aztecas llamaron Tenochtitlán a su capital.

_____ 7. El templo mayor es una sola construcción.

_____ 8. Emiliano quiere disfrutar de la vista del templo mayor desde la Torre Latinoamericana.

El arte y la música

15 Escribe una oración que se refiera a cada instrumento y que incluya un comparativo de igualdad o un superlativo. Sigue el modelo como guía.

MODELO

el saxofón

Me parece que el saxofón es el más entretenido de los instrumentos.
_____

el piano

1. _____
_____
_____

el clarinete

2. _____
_____
_____

la guitarra

3. _____
_____
_____

la trompeta

4. _____
_____
_____

16 Escribe un párrafo sobre la última función musical a la cual asististe. Si nunca has visto música en vivo, puedes escribir sobre tu música favorita.

_____
_____
_____
_____
_____

INTEGRACIÓN

17 Describe cada foto en una oración.

1.

2.

3.

4.

1. _____

2. _____

3. _____

4. _____

18 Imagínate que eres un muralista y que vas a pintar un mural sobre la historia de tu país, tu ciudad o tu pueblo. Escoge un buen título y luego describe lo que vas a pintar. Pueden ser personas haciendo diferentes actividades, animales, objetos inanimados o simplemente un paisaje.

_____

_____

_____

_____

_____

_____

¡Ponte al día!

1 Escoge el dibujo que corresponda a cada comentario.

a.

b.

c.

d.

_____ **1.** Yo escucho la radio todo el tiempo. Me encantaría ser locutora de radio y trabajar en mi emisora favorita.

_____ **2.** El reportero del Canal 10 es horrible. Parece que no está bien informado. Ayer hizo un reportaje sobre el crimen y no trató el tema muy a fondo.

_____ **3.** Yo leo el periódico para estar al tanto de las noticias. Es el medio que me inspira más confianza.

_____ **4.** A mí me gusta mucho ver la televisión. Me gustan las telenovelas y también hay alguno que otro documental que me llama la atención.

2 Completa el reportaje de Hugo sobre los colegios de su ciudad con la forma correcta de **haber.**

El tiempo de actuar es ahora. (**1**) _____ que hacer algo por el futuro

de nuestros colegios. Hace cinco años (**2**) _____ diez colegios en

nuestra ciudad y ahora sólo (**3**) _____ ocho. Ayer (**4**) _____ un

informe del director del colegio Piñales y me sorprendí porque

(**5**) _____ mucho público. Además, (**6**) _____ dos reporteros de

periódicos y del Canal 5 grabando el informe. El director dice que ahora

no (**7**) _____ fondos suficientes para mantener abiertos todos los

colegios ni el interés que antes (**8**) _____ por parte de la comunidad.

Aseguró que (**9**) _____ que hacer algo, porque si no, (**10**) _____

una crisis educativa en el futuro. Yo estoy de acuerdo. No creo que

(**11**) _____ otra opción que trabajar muy duro para asegurar una

buena educación para los jóvenes.

¡Ponte al día!

3 Completa esta carta dirigida al editor de un periódico con el indicativo o el subjuntivo de los verbos en paréntesis según el contexto.

Estimado editor:

Es evidente que los reporteros no (**1**) _____ (saber) qué están escribiendo. Leí un reportaje que hicieron sobre el crimen en la ciudad y pasaron por alto muchísimos detalles. Estoy seguro que no

(**2**) _____ (hablar) primero con los ciudadanos, pues es obvio

que éstos (**3**) _____ (tener) otra perspectiva. Parece mentira

que un periódico (**4**) _____ (haber) publicado un reportaje tan

parcial como éste y que sus periodistas no (**5**) _____ (estar) al

tanto de los hechos que ocurren en su ciudad. Todo el mundo sabe que

el crimen (**6**) _____ (ser) un problema mucho más grave de lo

que afirma este reportaje. No estoy convencido de que para la próxima

vez, los reporteros (**7**) _____ (investigar) los temas más a

fondo y que sus reportajes (**8**) _____ (ser) más fiables e

imparciales.

4 Reacciona ante los siguientes titulares *(headlines)* usando las expresiones dadas y el presente o el presente perfecto del subjuntivo.

MODELO Meteorólogos dijeron que nevará en Dallas en agosto

Parece mentira que los meteorólogos hayan dicho eso.

1. Gobernador propuso cancelar los documentales controvertidos

   _____

   _____

2. Estudiante va a ganar tres millones de dólares en un concurso internacional

   _____

   _____

3. Hombre enseñó a su perro a jugar al béisbol

   _____

   _____

¡Ponte al día!

5 Escribe tu opinión sobre las siguientes situaciones usando expresiones de duda y de certeza, y el subjuntivo o el indicativo según corresponda.

Expresiones de certeza	Expresiones de duda
Está claro que...	Dudo que estés bien informado(a) sobre... / que sepas...
Es evidente que...	No creo que los reporteros/los noticieros sean...
Estoy seguro(a) (de) que...	
No cabe duda de que...	No está claro que...
Estoy convencido(a) de que...	No estoy seguro(a) (de) que...
	Parece mentira que...

1. Viste en el noticiero que hoy iba a llover, pero está soleado.

_____

_____

2. Viste un documental sobre tu comunidad y el reportero pasó por alto muchos detalles.

_____

_____

3. Le dices a un amigo que hay una crisis ambiental en la ciudad, pero él no te cree.

_____

_____

4. Un amigo te dice que está al tanto de todo, y estás de acuerdo porque has visto que navega por Internet para leer todas las noticias.

_____

_____

5. Leíste en las noticias en línea que alguien robó un tigre del zoológico y te parece increíble.

_____

_____

¡Ponte al día!

6 Lee las preguntas y escoge la respuesta que corresponda.

_____ **1.** ¿Cuál es el campo de estudios de la doctora Ellen Ochoa?

    a. antropología   **b.** ingeniería eléctrica   **c.** física

_____ **2.** ¿Dónde nace el río Grande?

    a. en Nuevo México   **b.** en Arizona   **c.** en Colorado

_____ **3.** ¿En qué año fueron descubiertos los indígenas de Santa Fe por los españoles?

    a. en 1450   **b.** en 1540   **c.** en 1592

_____ **4.** ¿En qué día de 1810 tuvo lugar el Grito de Dolores?

    a. el 18 de septiembre   **b.** el 16 de septiembre   **c.** el 20 de noviembre

_____ **5.** ¿Qué grupo de indígenas pintó las figuras en las piedras de Galisteo?

    a. los pueblo   **b.** los apaches   **c.** los anasazi

7 Contesta las siguientes preguntas con una oración completa.

1. Hoy día, ¿por qué es importante el 16 de septiembre en México? Explica.

_____

2. ¿Quién era Jerónimo y cómo terminó su vida?

_____

3. ¿Cómo hacen los návajos sus alfombras tradicionales?

_____

4. ¿Quién es David Tineo y dónde vive?

_____

8 Imagina que tienes que hacer un reportaje sobre un evento histórico del Suroeste. Escoge el tema y explica la importancia que ese evento ha tenido (y tiene) en la región hoy en día.

_____

_____

_____

_____

_____

   54

¡Ponte al día!

9 Completa la conversación con las palabras del cuadro que correspondan.

ni jota	qué sé yo	que yo sepa	entrevistarme
la menor idea	te enteraste	comentario	

Susana Bueno, Julio, ¿qué quieres hacer para nuestro programa de radio? Estaba pensando en hacer un (**1**) _____ sobre los nuevos estilos de ropa en Francia.

Julio Susana, ¿(**2**) _____ de la moda? Prefiero hablar de algo menos complicado. ¿Por qué no hablamos de la competencia de ciclismo que va a haber la próxima semana?

Susana ¿Cómo (**3**) _____ de la competencia? Yo no escuché nada. ¿Podría participar?

Julio Lo vi en el periódico. (**4**) _____ , todos pueden participar.

Susana ¡Qué bien! Pero no creo que eso sea un buen tema para el reportaje. ¿Sabes algo de la crisis económica del estado?

Julio No, no tengo (**5**) _____ de lo que está pasando. Y no entiendo (**6**) _____ de economía. Tal vez debamos hablar con un experto. ¿Qué opinas?

Susana Yo entiendo algo de economía. ¡Tú puedes (**7**) _____ a mí!

10 Completa las siguientes oraciones con el indicativo o el subjuntivo del verbo en paréntesis según el contexto.

1. Hoy afirmó el reportero del Canal 9 que el presidente _____ (venir) de visita.

2. Él dijo que el presidente _____ (querer) hablar de la economía.

3. A Manuel le parece que este reportero _____ (estar) muy bien informado.

4. Yo no creo que este artículo de prensa _____ (ser) fiable.

5. Mucha gente duda que el presidente _____ (ir) a hablar de la economía.

6. Alicia dice que el periodista _____ (ser) el mejor de la ciudad.

¡Ponte al día!

11 Lee los siguientes titulares y escríbelos en la sección del periódico que corresponda. El primer titular está en su lugar.

1. Rayados ganan campeonato

2. Hoy estreno de "Policía enojado"

3. Museo pierde colección de acuarelas

4. Empieza exposición de escultura romana

5. Tormenta llegará mañana a Miami

6. Monarcas ganan 3 a 0

7. Las mejores películas del año

8. Aficionados contentos con su equipo

9. Científicos descubren planeta con vida

La primera plana	La sección deportiva	La sección de ocio
_____	Rayados ganan _____	_____
_____	campeonato	_____
_____	_____	_____
_____	_____	_____
_____	_____	_____

12 Escribe un titular para cada foto y la sección del periódico donde lo encontrarías. Sigue el modelo.

MODELO SE VENDE: Carro muy confiable.
Casi nuevo: $12,000
sección: **anuncios clasificados**

1.   2.   3.   4.

1. _____ sección: _____

2. _____ sección: _____

3. _____ sección: _____

4. _____ sección: _____

¡Ponte al día!

13 Completa el siguiente reportaje en línea con los artículos o las expresiones indefinidas *(indefinite expressions)* que correspondan según el contexto.

Archivo   Editar   Ver   Herramientas   Ayuda

Atrás   Adelante   Actualizar   Detener   Página Inicial   Buscar   Favoritos   Correo   Imprimir

Dirección:

Niño de 14 años empieza un negocio

Esteban, un niño de catorce años, sabe (**1**) _____ (algo / algún) de negocios. Ahorró (**2**) _____ (la / el) capital necesario para empezar su negocio reciclando botellas de vidrio. Esteban afirma que desde pequeño tenía (**3**) _____ (la / el) costumbre de reciclar botellas. Siempre salía los domingos a buscarlas y (**4**) _____ (nada / nadie) lo ayudaba. Encontraba (**5**) _____ (algo / algunas) botellas y las guardaba en su mochila. Luego, las cambiaba por dinero. El niño asegura que no tenía (**6**) _____ (alguna / ninguna) idea de que reciclando botellas podría ganar el capital necesario para empezar un negocio. (**7**) _____ (Tampoco / También) había pensado que (**8**) _____ (algún / ninguna) día sus sueños se harían realidad.

(**9**) _____ (El / La) realidad es distinta para Esteban ahora. Hoy es el dueño de su propio negocio de reciclaje. Tiene (**10**) _____ (una / un) plan muy claro: eliminar (**11**) _____ (el / la) problema de la basura en su ciudad. Él quiere que todo el mundo recicle, no solamente sus botellas, sino (**12**) _____ (jamás / también) todo lo que sea posible. Esteban cuenta que la gente está cambiando (**13**) _____ (el / la) actitud que tiene hacia el reciclaje. Dice: "No hay (**14**) _____ (nadie / nada) que podamos hacer por nuestra comunidad si no reciclamos. Pero si reciclamos, estaremos haciendo algo para (**15**) _____ (el / la) mañana de todo el planeta.

¡Ponte al día!

14 Lee el artículo sobre la construcción de la vía de Los Mochis a Chihuahua en México. Luego, lee las oraciones que siguen y decide si cada una es **cierta (C)** o **falsa (F)**.

El Ferrocarril Chihuahua al Pacífico es una de las obras de ingeniería más impresionantes que jamás se haya logrado. Para completarlo fue necesario construir treinta y nueve puentes y ochenta y seis túneles por sus 655 kilómetros de línea ferroviaria entre las ciudades de Los Mochis, en la costa del Mar de Cortés y la ciudad de Chihuahua. La línea cruza el Valle de la Sinaloa y la Sierra Madre Occidental y pasa por la espectacular Barranca del Cobre, tallada por cuatro ríos a través de miles de años.

Se dice que para encontrar la ruta más corta para cruzar la sierra, los ingenieros soltaron unos burros *(let some donkeys free)* y siguieron su camino. Luego, comenzaron la construcción de la vía guiándose por el camino de los burros. Parece mentira que unos burros hayan encontrado la ruta para el ferrocarril, pero podría ser cierto. Es evidente que la construcción de la vía fue un trabajo formidable.

_____ **1.** La vía de ferrocarril empieza en Los Mochis en la costa del Mar de Cortés.

_____ **2.** Hubo que construir treinta y nueve puentes y noventa y seis túneles para terminar la vía.

_____ **3.** La vía entre Los Mochis y Chihuahua es de 655 kilómetros.

_____ **4.** La vía del tren pasa por el Valle de la Sinaloa y la Barranca del Cobre.

_____ **5.** La Barranca del Cobre fue tallada por una inundación muy grande hace muchos años.

_____ **6.** Se dice que unos burros llevaban a la gente a trabajar en la vía.

_____ **7.** Los ingenieros siguieron el camino de los burros por la sierra.

_____ **8.** El autor no tiene duda de que los burros ayudaron a encontrar la mejor ruta a través de la sierra.

¡Ponte al día!

15 Usa las definiciones que siguen como pistas para llenar el crucigrama.

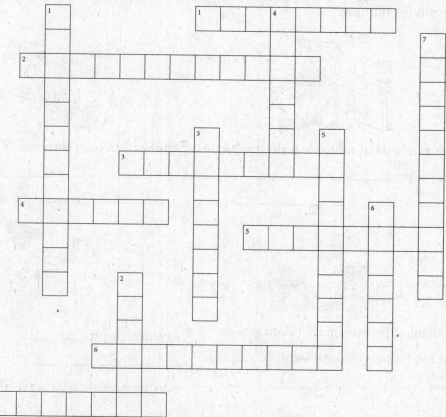

Horizontales

1. Es un programa de televisión en el que puedes ganar un premio.

2. Es la parte del periódico con las noticias más importantes del día.

3. Es un trabajo periodístico de carácter informativo.

4. Algo verdadero e imparcial es ____.

5. Uno hace esto al dar las noticias.

6. Este tipo de programa de la televisión suele terminar con una boda.

7. Esta oración corta, escrita con letras grandes, da la idea de lo que trata una noticia.

Verticales

1. Esta sección del periódico te da risa.

2. Es una crítica de un restaurante o una película.

3. Esta mujer dirige un programa de televisión o radio.

4. Es el acto de no permitir ciertas cosas o palabras en los medios de comunicación.

5. Es alguien que busca las noticias.

6. Desde aquí se transmite una señal de radio o televisión.

7. Debes hacer esto para recibir periódicos o revistas en tu casa.

¡Ponte al día!

16 Completa las oraciones con los medios de comunicación que correspondan según los dibujos.

Manuel está al tanto de todo porque le gusta ver _____

_____

Andrea está bien informada porque

_____

_____ todos los días.

Liliana sabe mucho de finanzas y de gente famosa porque siempre _____

_____

Marta siempre _____

_____

porque prefiere usar su computadora.

17 Hoy te enteraste de algunas noticias increíbles y otras que te parecen fiables. Escríbele a un(a) amigo(a) y dale tu opinión sobre las noticias y dónde las leíste, viste o escuchaste. Usa las expresiones de **¡Exprésate!,** el indicativo con expresiones de certeza y el subjuntivo con expresiones de duda o incredulidad.

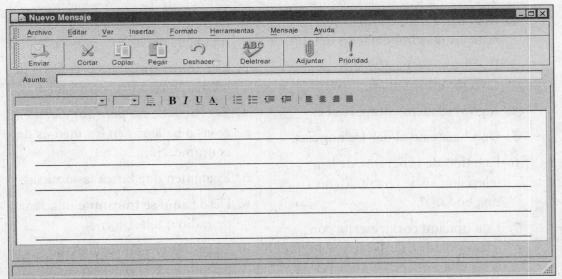

Mis aspiraciones

1 Completa los párrafos con las palabras que correspondan según el contexto.

| raíces | herencia | tener éxito | aprovechar | apoyo | estilo de vida |

La historia de mis abuelos Sánchez

Mis abuelos siempre soñaron con establecer (**1**) _____ en las
orillas del Lago Titicaca. Cuando mi madre y su hermano se fueron a estudiar
a la universidad, los abuelos decidieron (**2**) _____ la oportunidad
para mudarse de La Paz y cambiar su (**3**) _____ . Después de
trabajar en oficinas por años, los abuelos abrieron un pequeño hostal en la
Isla Titicaca, la más grande de las 41 islas en el lago y un lugar donde se puede
apreciar la (**4**) _____ inca. Se dice que en un templo de esa isla, los
fundadores de la dinastía inca, Manco Cápac y Mama Ocllo, llegaron a la Tierra
del Sol en el siglo XII.

Los abuelos se adaptaron muy bien. El servicio de su negocio es excelente, y no
han hecho más que (**5**) _____ todos estos años. Las playas y la
deslumbrante Cordillera Real son atractivas para los visitantes. Mejor aún, mis
primos y yo nos hemos criado pasando los veranos allí, siempre que podemos
dándoles (**6**) _____ a mis abuelos.

2 Descifra las siguientes palabras de **Vocabulario** basándote en las pistas. Luego
escribe la palabra que forman las letras rodeadas con un círculo.

1. *absorber, interiorizar:* l m s a i a i r _ _ ◯ ◯ _ _ _ _ _

2. *agrupaciones culturales:* p u g s o r   t i n é o c s
   _ _ _ _ _ _   _ _ _ ◯ _ _ _

3. *cuando soy parte de un grupo:* z p c r e e t o n e ◯ _ ◯ _ _ _ _ ◯

4. *lo que haces cuando tienes que vivir sin algo:* c a s i r i o i c f
   ◯ _ _ _ _ _ _ _ ◯ _

5. *forma de actuar y de pensar:* d o o m   e d   e r s ◯ _ _ ◯ _ _ _ _ _

Palabra formada por las letras rodeadas con un círculo:

_ _ _ _ _ _ _ _ _ _ _

Mis aspiraciones

VOCABULARIO 1/GRAMÁTICA 1

3 Completa las siguientes oraciones usando el pretérito o el imperfecto de los verbos en paréntesis.

1. Después de llegar a este país nosotros (mantener) _____
   _____

2. Durante los primeros años todos (tener que) _____
   _____

3. Al principio nosotros (tener) _____
   _____

4. Mis abuelos (ser) _____
   _____

5. Ellos (estar) _____
   _____

4 Escribe una oración relacionada con un desafío que hayas tenido en tu vida. Usa el pretérito o el imperfecto en tus oraciones.

1. el mayor reto de mi vida / superar obstáculos
   _____

2. acostumbrarse / encajar en
   _____

3. pertenecer a / contribuir
   _____

4. agradecer / tener apoyo
   _____

5 Completa las siguientes oraciones con **lo** o **lo que** y tus propias opiniones.

1. _____ mejor de mi familia es...
   _____

2. _____ me ha costado más trabajo en mi vida es...
   _____

3. _____ me hace tener más orgullo de mí mismo(a) es
   _____

4. _____ más me gustaría hacer en el futuro es...
   _____

Mis aspiraciones

6 Escribe dos o tres oraciones basándote en los dibujos. Usa el pretérito o el imperfecto de los verbos dados y sigue el primer ejemplo como guía.

Verbos: tener, tener que, poder, querer, saber, criarse, levantarse, esforzarse, graduarse, conocerse, casarse, expresarse, preocuparse, enojarse, comunicarse, investigar, acostumbrarse

1. Alberto

Alberto se crió en el campo. Todas las mañanas se levantaba muy temprano porque tenía que dar de comer a los animales. Al principio le costaba trabajo, pero luego se acostumbró a hacerlo.

_____

2. los estudiantes

_____
_____
_____

3. Pamela y Tomás

_____
_____
_____

4. la Sra. Isla

_____
_____
_____
_____

5. Federico

_____
_____
_____
_____

CAPÍTULO

7
CULTURA

Mis aspiraciones

7 Lee las oraciones y decide si cada una es **cierta** (**C**) o **falsa** (**F**).

_____ **1.** Las comidas principales en el altiplano andino son el arroz y los frijoles.

_____ **2.** Los mercados de Otavalo son grandes negocios comercializados.

_____ **3.** El lago navegable más alto del mundo es el Lago Titicaca.

_____ **4.** Los uros son un tipo de barco que se usa en Perú.

_____ **5.** Los incas construyeron las primeras carreteras en los Andes.

8 Acabas de regresar de un viaje a los Andes. Un(a) amigo(a) te hace preguntas. Contesta sus preguntas con la respuesta apropiada.

_____ **1.** ¿Cuál es la capital de Ecuador?
    a. Quito   **b.** Guayaquil   **c.** Cuzco

_____ **2.** ¿Quién era Simón Bolívar?
    a. un rey   **b.** un explorador   **c.** un libertador

_____ **3.** ¿Qué país ganó la Guerra del Pacífico?
    a. Perú   **b.** Chile   **c.** Ecuador

_____ **4.** ¿Cuál NO es un idioma indígena de la región?
    a. quechua   **b.** aymara   **c.** español

9 Escribe un párrafo sobre cómo era la vida en los Andes antes de llegar los exploradores. Comenta sobre la historia, el arte y la cultura.

_____

_____

_____

_____

_____

_____

_____

_____

_____

   64

Mis aspiraciones

10 Escribe las palabras de **Vocabulario** basándote en las pistas y rodéalas con un círculo en la sopa de letras. Luego usa las palabras en un párrafo.

1. alcanzar algo en el futuro

_____

2. no darse por vencido

_____

3. objetivo

_____

4. esforzarse

_____

5. tener esperanzas de conseguir algo

_____

6. persistir es seguir ___.

_____

7. hacer

_____

8. quedarse en un lugar

_____

M	P	B	C	A	E	O	F	W	T	M	C
Q	R	R	L	D	N	L	P	S	U	S	O
L	A	Q	U	E	E	L	U	U	M	O	Y
N	Z	U	C	L	R	L	A	E	B	Ñ	B
R	I	E	H	A	A	O	M	E	T	A	W
G	L	Z	A	N	M	G	U	O	A	R	A
B	A	T	R	T	Y	R	I	C	R	C	I
G	E	M	P	E	Ñ	A	R	S	E	O	N
L	R	E	O	A	D	R	L	N	X	N	F
W	A	R	R	L	I	A	C	T	C	X	E
E	S	T	A	B	L	E	C	E	R	S	E

_____

_____

_____

_____

Mis aspiraciones

11 Escoge la palabra o frase de **Vocabulario** que corresponda según el contexto.

Querida Elisa:

Hace dos meses, mi familia (**1**) _____ (tomó la iniciativa / luchó por) de mudarse a esta nueva ciudad. A pesar de que hay muchas oportunidades aquí, es difícil (**2**) _____ (tomar la iniciativa / acostumbrarse) a un nuevo lugar. Quiero (**3**) _____ (soñar con / enfocarme en) mis estudios. (**4**) _____ (Sigo soñando / Sigo adelante) con (**5**) _____ (establecerme / llegar a ser) veterinaria, pero lo que más quiero es hacer amistades. No sé cómo (**6**) _____ (seguir adelante / lograré).

Muchos saludos,

Antonia

Querida Antonia:

Me alegra tener noticias tuyas, aunque siento que tengas que

(**7**) _____ (esforzarte por / establecerte en) hacer amistades. No debes perder de vista nunca tus (**8**) _____ (aportes / metas). Si dejas pasar un poco más de tiempo y te propones como (**9**) _____ (objetivo / empeño) participar en uno o dos clubes en el colegio, seguramente conocerás a otros estudiantes.

(**10**) _____ (¡No te des por vencida nunca! / ¡Sueña con ser bilingüe!)

Un abrazo,

Elisa

Mis aspiraciones

12 Forma oraciones con las siguientes frases usando el subjuntivo o el indicativo según el contexto. Presta atención a la secuencia de eventos: pasado, presente y futuro.

1. el año pasado / tan pronto como / terminar el colegio / hacer un viaje a Cuzco

    _____

2. ayer / antes de que / mis amigos llegar / llamar a mi amiga de Cuzco

    _____

3. no la voy a ver / hasta que / hacer otro viaje a los Andes

    _____

4. todos los días / después de que / terminar la tarea / ponerse a leer

    _____

5. el año que viene / en cuanto / tener el dinero / ir a Quito

    _____

13 Completa las siguientes oraciones con el subjuntivo del verbo y una terminación apropiada.

MODELO Pienso buscar hasta que (encontrar) **encuentre el trabajo perfecto.**

1. Antes de que (empezar) _____ las clases en la universidad,

    _____

2. En cuanto (graduarse) _____ , _____

    _____

3. Tan pronto como (establecerse) _____ en la nueva ciudad,

    _____

4. Tengo la intención de buscar trabajo a menos de que (conseguir) _____

    _____

5. Estudiaré y trabajaré con tal de que (poder) _____

    _____

Mis aspiraciones

Las zonas del Ecuador

A pesar de su tamaño relativamente pequeño, Ecuador es uno de los países con mayor variedad geográfica del mundo. Tiene tres zonas. De oeste a este, el litoral costero es una zona de poca lluvia, pero sus valles fértiles son buenos para la agricultura. La ciudad de mayor población de la región es Guayaquil, y la reserva natural más interesante es la de las islas Galápagos.

En la Sierra de los Andes está la capital, Quito, una ciudad rodeada por espectaculares picos volcánicos y nevados. Cotopaxi es el volcán activo más alto del mundo, ascendiendo a 19,347 pies. El clima es fresco y hay pequeñas poblaciones de indígenas que cultivan maíz y papas. La zona oriental es amazónica con bosques tropicales. Es una región húmeda con una enorme biodiversidad. Las industrias principales de Ecuador son las industrias de madera y de petróleo.

---

14 Basándote en lo que leíste, completa las oraciones con la mejor opción.

_____ 1. Ecuador tiene _____ .
   a. cuatro zonas   **b.** cinco zonas   **c.** tres zonas

_____ 2. En el litoral costero _____ .
   a. llueve mucho   **b.** nunca llueve   **c.** llueve poco

_____ 3. En la zona de la Sierra de los Andes se encuentra _____ .
   a. el volcán Cotopaxi   **b.** la ciudad de La Paz   **c.** la ciudad de Lima

_____ 4. En la zona oriental hay _____ .
   a. picos nevados   **b.** bosques tropicales   **c.** poca lluvia

15 Basándote en lo que leíste, contesta las siguientes preguntas.

1. ¿Cuál es la reserva natural más interesante del litoral costero?

_____

_____

2. ¿Cómo es el clima en la Sierra de los Andes?

_____

_____

3. ¿Cuáles son las industrias principales de Ecuador?

_____

_____

68

Mis aspiraciones

16 Completa la conversación con la opción apropiada según el contexto.

Beatriz Se me ha hecho muy difícil (**1**) _____ (aprovechar / tener la intención de) las oportunidades en Estados Unidos porque no hablo inglés.

Carmen ¿No te (**2**) _____ (has llegado a ser / has enfocado) en la clase de inglés?

Beatriz Sí, por supuesto. Pero aprender un nuevo idioma toma tiempo, y también (**3**) _____ (asimilar las costumbres / realizar) de este país.

Carmen Qué bueno que estés con tu familia y que tengas (**4**) _____ (orgullo / aspiración) de tu (**5**) _____ (antepasado / herencia).

Beatriz (**6**) _____ (Gracias / A pesar) al (**7**) _____ (apoyo / costumbres) de mi familia, he podido

(**8**) _____ (fracasar / seguir adelante).

Carmen Como siempre, cuando (**9**) _____ (nos esforzamos / nos establecemos), podemos lograr nuestros

(**10**) _____ (compromisos / objetivos). Estoy segura de que tú lograrás acostumbrarte.

17 Escoge la expresión del cuadro que complete mejor las siguientes oraciones.

Poco a poco me adapté a Había muchos desafíos	Por fin logré Mi éxito en el colegio	Cuando sea mayor,

1. _____ cuando llegamos de la sierra a la ciudad.

2. _____ este lugar tan diferente de donde me crié.

3. _____ empezar una carrera en la universidad.

4. _____ me gustaría dar clases de español.

5. _____ se debe a mi esfuerzo.

Mis aspiraciones

18 Escoge la opción en paréntesis que mejor complete el siguiente ensayo.

AREQUIPA

La ciudad de Arequipa es la segunda ciudad más grande de Perú, con casi un millón de habitantes. Está al pie de varios volcanes, y (**1**) _____ (lo / lo que) más llama la atención son sus edificios blancos construidos con "sillar", una piedra blanca volcánica. Es la ciudad donde nació Mario Vargas Llosa, quien ha (**2**) _____ (llegado a ser / llegado a estar) uno de los autores latinoamericanos más famosos del mundo. La ciudad es también el primer centro exportador de lana de llama y vicuña del país. A mediados del siglo XX, Arequipa (**3**) _____ (tuvo / tiene) un papel importante como centro de inmigración interna, ya que muchas personas se mudaron de sus pueblos de origen para aprovechar las nuevas oportunidades. La familia González, por ejemplo, vino a Arequipa del campo para trabajar en la industria de exportación. A los seis meses de (**4**) _____ (mudarnos / mudarse), la familia se dio cuenta de que, a pesar de que alguna gente los (**5**) _____ (discriminaba / visitaba), ellos podían (**6**) _____ (darse por vencidos / seguir adelante). (**7**) _____ (Lo / Lo que) mejor de todo es que (**8**) _____ (han alcanzado / han apoyado) un buen nivel de vida con una tienda de productos hechos de lana.

19 ¿Qué grupos étnicos y nacionalidades hay en tu pueblo o ciudad? ¿Qué sabes de su historia? ¿Cómo se comparan con los grupos étnicos de Perú?

_____

_____

_____

_____

_____

_____

_____

¿A qué te dedicas?

1 Completa la siguiente carta con la palabra del cuadro que corresponda según el contexto.

competente	los adelantos	fotocopiadora	hoy en día	trataremos
mejorar	la vida diaria	enseguida	decidido	utilizar

Estimados estudiantes:

Nosotros, el profesor de español Ernesto López y la profesora de ciencias Marcia Williams, hemos (**1**) _____ llevar a un grupo de veinte estudiantes a Machu Picchu. El viaje tendrá lugar en las últimas dos semanas de julio.

(**2**) _____ hay muchas compañías que ofrecen servicios de guías. Eso es una ventaja. Cuando el profesor Hiram Bingham "descubrió" Machu Picchu el 24 de julio de 1911, tuvo que (**3**) _____ como guía a Melchor Arteaga, un residente quechua de esa región. Bingham era un historiador de la Universidad de Yale y por ser un alpinista (**4**) _____ , le resultó fácil escalar las montañas en su primera expedición.

El plan es volar a Lima y pasar un día en la capital. Luego vamos a Cuzco y (**5**) _____ tomaremos el tren hacia Machu Picchu. Bajaremos del tren y escalaremos el Camino Inca por cinco días, acampando cuatro noches a alturas entre 8,500 y 13,500 pies. Es muy importante que todo el mundo se esfuerce por (**6**) _____ su forma física para el viaje.

Por el Camino Inca se pueden apreciar (**7**) _____ de ingeniería que lograron los incas. Una vez en Machu Picchu, (**8**) _____ de explorar cada uno de sus templos y otras estructuras por dos días. Después iremos al pueblito de Aguas Calientes para disfrutar de sus baños termales y aprender sobre (**9**) _____ de los agricultores.

Les adjuntamos todos los materiales para hacer la solicitud. Favor de usar la (**10**) _____ y hacer tres copias de todos los documentos. A las personas que aceptemos, les mandaremos instrucciones para obtener un pasaporte inmediatamente, una lista del equipo que deben traer y un glosario de palabras en quechua.

¿A qué te dedicas?

VOCABULARIO 1/GRAMÁTICA 1

2 Lee las respuestas y escoge la pregunta correcta según el contexto.

_____ **1.** Me parece que nunca seré capaz de usar un contestador automático.

_____ **2.** Puedo usar nuevas tecnologías sin problemas.

_____ **3.** Puedo llevar mi horario con facilidad en mi agenda electrónica.

_____ **4.** Mi clase de cálculo me resulta incomprensible.

_____ **5.** Sí, está más claro ahora.

> **a.** ¿Qué es algo que te resulta fácil?
>
> **b.** ¿Qué es algo que no logras entender?
>
> **c.** ¿Qué es algo que consideras fuera de tu alcance?
>
> **d.** ¿Por fin captas la idea?
>
> **e.** ¿Qué es algo que puedes hacer ahora que hay más tecnología?

3 Piensa en los trabajos o los proyectos que han hecho tú o tus padres o algún miembro de tu familia. Escribe un párrafo sobre una de las experiencias e incluye la siguiente información: ¿Les gustó el trabajo? ¿Qué parte les resultó difícil? ¿Qué les facilitó el trabajo? Usa los pronombres de complemento indirecto (*me, te, le, nos, les, se*) en tu párrafo.

_____

_____

_____

_____

_____

_____

_____

_____

_____

_____

¿A qué te dedicas?

4 Completa las oraciones con la forma correcta de los verbos del cuadro según el contexto.

convertirse   llegar a ser   hacerse   quedarse   ponerse

1. Después de muchos años de entrenamiento, Efrén _____ un campeón de golf.

2. Mercedes _____ boquiabierta ante una exposición impresionante en el Museo de Ciencias.

3. Vi una oruga *(caterpillar)* que _____ en mariposa, y decidí en un santiamén que la tecnología de la naturaleza es la mejor.

4. Federico estudió literatura española en la universidad y después de graduarse, _____ profesor.

5. El muchacho _____ contento cuando tuvo la oportunidad de sembrar árboles con el club de ecología.

5 Escribe un párrafo para describir lo que pasa en cada dibujo. Debes usar **se** por lo menos tres veces.

_____

_____

_____

_____

_____

_____

_____

_____

_____

_____

CAPÍTULO

¿A qué te dedicas?

8

CULTURA

6 Lee las oraciones y decide si cada una es **cierta (C)** o **falsa (F)**.

_____ **1.** Francisco Pizarro fue un defensor del pueblo inca.

_____ **2.** Simón Bolivar y José de San Martín encabezaron la lucha por la independencia de Sudamérica.

_____ **3.** El Huascarán es la montaña más alta de Perú.

_____ **4.** Los horarios de trabajo en Latinoamérica y en España siempre han sido muy parecidos a los de Estados Unidos.

_____ **5.** En Latinoamérica, la licenciatura es un permiso que se recibe para conducir un automóvil.

7 Tu amigo te llama desde el altiplano andino con su teléfono celular para contarte sobre su viaje, pero es una mala conexión y no escuchas algunas palabras clave. Completa sus oraciones con la información que falta.

1. Fui al cañón más profundo del mundo. Está en Perú y se llama

_____ .

2. También fui al volcán Cotopaxi en _____ . Es el volcán activo más alto del mundo.

3. En Bolivia, fui a la ciudad de _____ ; es la sede de gobierno más alta del mundo.

4. Comí papa y _____ , los alimentos principales del altiplano andino.

8 Fuiste a una exposición de arte del altiplano andino. Describe tres de las obras y explica tu opinión sobre cada una.

_____

_____

_____

_____

_____

_____

_____

_____

¿A qué te dedicas?

9 Viste el siguiente anuncio fuera del supermercado. Escoge las palabras que correspondan según el contexto.

SE BUSCAN ENTREVISTADORES

La Facultad de Ciencias Agrícolas de la Universidad Central del Ecuador está llevando a cabo un estudio en varias ciudades y pueblos del país para

(**1**) _____ (solicitar / saltar) información acerca de las actitudes de los consumidores hacia la comida. Estamos ofreciendo (**2**) _____ (puestos / currículum vitae) de cuarenta horas por semana, o sea, a

(**3**) _____ (medio tiempo / tiempo completo), a personas de dieciséis años o más que tengan buenas destrezas interpersonales.

El estudio (**4**) _____ (supervisa / requiere) que se determine si el consumidor:

- prefiere los productos ecuatorianos o los extranjeros
- prefiere los productos de su región o los de otras regiones
- prefiere los productos de pequeños agricultores o de grandes agricultores,
  (**5**) _____ (empresas / causas) nacionales y multinacionales
- prefiere, o no, los productos orgánicos
- prefiere, o no, los productos más baratos, sin importarle nada de lo anterior

Si está interesado(a) en el puesto, favor de llamar al (**6**) _____ (gerente / puesto), el Sr. Jorge Linares, al 555-3333, para pedir una (**7**) _____ (entrevista / causa).

10 Imagina que ves una encuesta como la anterior en tu comunidad. ¿Qué opiniones expresarías? ¿Por qué? ¿Te gustaría obtener un puesto de entrevistador(a)? ¿Por qué?

_____

_____

_____

_____

_____

_____

¿A qué te dedicas?

VOCABULARIO 2/GRAMÁTICA 2

11 Combina las preguntas con las respuestas según corresponda.

_____ 1. ¿Cuál es una expresión típica para comenzar una carta formal?

_____ 2. ¿Qué te gustaría hacer?

_____ 3. Si tuvieras la oportunidad, ¿adónde irías a estudiar arquitectura?

_____ 4. ¿Qué has querido ser siempre?

_____ 5. ¿Qué dices en una carta formal al comunicar que vas a incluir documentos adicionales?

> **a.** ¡Me encantaría ser ingeniero(a) civil!
> **b.** Siempre he querido ser gerente.
> **c.** Por medio de la presente…
> **d.** Les adjunto un(a)…
> **e.** Si pudiera, iría a Barcelona a estudiar la arquitectura de Gaudí.

12 Imagina que todas estas personas tienen la oportunidad de hacer algo que nunca han podido hacer. Basándote en los dibujos, escribe lo que cada persona haría.

1. Mónica y Fernando

2. Susana

3. Beto y Pepe

4. Tú

1. _____

2. _____

3. _____

4. _____

¿A qué te dedicas?

13 Completa las oraciones con el pasado del subjuntivo de los verbos del cuadro según el contexto.

actualizar	cumplir	dar	pedir	tener

1. El jefe te daría el puesto si _____ con los requisitos.

2. Creo que la gerente me daría más beneficios si yo se los _____ .

3. Estoy segura que tú y yo podríamos dirigir un equipo de trabajo si el gerente nos _____ la oportunidad.

4. Si Eduardo no _____ clases, buscaría un empleo a tiempo completo.

5. Si nosotros _____ nuestro sistema de negocios, podríamos conseguir más clientes.

14 Contesta las preguntas usando el condicional.

1. Si tuvieras la oportunidad de viajar a cualquier lugar, ¿adónde irías y por qué?

_____

_____

2. Si pudieras trabajar en cualquier puesto que quisieras, ¿qué puesto escogerías y por qué?

_____

_____

3. Si existiera el jefe perfecto, ¿cómo sería? Explica.

_____

_____

4. Si fueras el (la) gerente de una empresa grande, ¿cómo crearías un buen ambiente de trabajo?

_____

_____

¿A qué te dedicas?

15 Lee el ensayo. Luego, lee las oraciones y decide si cada una es **cierta (C)** o **falsa (F)**.

A nivel mundial, cada una de las regiones de Estados Unidos, Europa y Asia oriental representan más o menos el 30% de los usuarios de Internet. América Latina sólo cuenta con el 5% de los usuarios, 13.5 millones. En Perú se encuentra el .45% de los usuarios de la región, mientras que Brasil representa el 41% y México el 21%. Sin embargo, Perú se reconoce como un modelo a nivel mundial por su servicio de computadoras públicas para el uso de Internet como una solución alternativa a la brecha digital *(digital gap)*. El 70% de los usuarios en Perú tienen acceso a Internet en lugares públicos, muchos de los cuales se encuentran en zonas de bajos recursos. Algunas palabras del argot *(slang)* cibernético que se usan a menudo debido a la difusión de Internet en Perú y otros países hispanos son "internautas" *(net-surfers)*, "chatear" *(to chat)* y "meilear" *(to e-mail)*.

_____ **1.** América Latina cuenta con el 95% de los usuarios de Internet a nivel mundial.

_____ **2.** Perú se reconoce como un modelo por el número de empresas privadas que usan Internet.

_____ **3.** Muchos de los lugares públicos para obtener acceso a Internet en Perú están en barrios de bajos recursos.

_____ **4.** Una palabra del argot es una palabra que ya no se usa.

_____ **5.** La palabra "meilear" es una palabra del argot relacionada a Internet.

16 Basándote en lo que leíste, contesta las preguntas.

1. En América Latina, ¿qué porcentaje de usuarios de Internet se encuentran en México?

_____

_____

2. ¿Cómo es el acceso a Internet en Perú?

_____

_____

3. ¿Cuál es un resultado de la difusión de Internet en Perú?

_____

_____

¿A qué te dedicas?

17 Completa el siguiente ensayo con la palabra que corresponda según el contexto.

El Santuario Nacional Lagunas de Mejía

Si (**1**) _____ (solicitara algo de / tuviera la oportunidad

de) viajar al sur de Perú, (**2**) _____ (iría / conseguiría) al pueblo costero

de Mollendo. Desde ahí, (**3**) _____ (se me haría / se me fueron) fácil

llegar al Santuario Nacional Lagunas de Mejía, creado en 1984. Quisiera

(**4**) _____ (un puesto / llegar a ser) ornitólogo, o estudioso de las aves,

algún día. El santuario queda en un banco de arena *(sand bar)* rodeado por cuatro

lagos, y tiene un (**5**) _____ (horario / salario) de visitas conveniente.

Según la Sociedad Peruana de Derecho Ambiental, Perú es el segundo país del

mundo en biodiversidad de pájaros. Se han visto 180 especies de pájaros allí,

incluyendo especies residentes y migratorias *(migratory)*. El santuario se estable-

ció para (**6**) _____ (donar tiempo a una causa / tratar de

conservar) la vida de los pájaros. Es importante mantener un lugar donde las aves

puedan existir. También hay que (**7**) _____ (lograr / combatir) que las

aves migratorias encuentren dónde parar en su camino.

18 Completa las oraciones con las palabras o expresiones que correspondan según el contexto.

se me escapa	prefería que hiciera	les adjunto	a la vez
empeorar	si dirigiera	seguro	

1. Ese concepto tecnológico _____ .

2. Mi supervisora _____ la misma tarea todo el día.

3. Si no tenemos cuidado, la situación va a _____ .

4. _____ un ensayo que escribí el año pasado.

5. El beneficio del _____ médico es excelente.

6. _____ el programa de educación sobre la naturaleza, tendría
aún más actividades.

7. El auxiliar administrativo puede hacer varias cosas _____
sin problema.

¿A qué te dedicas?

19 Basándote en los dibujos, contesta las preguntas.

1. ¿Cómo es el ambiente de trabajo en esta oficina?
¿Te gustaría trabajar aquí? Explica.

_____

_____

_____

2. ¿Harías lo que hace esta chica en una entrevista?
Dale consejos para su próxima entrevista.

_____

_____

_____

3. ¿Qué pasa en esta oficina? Si fueras el (la)
médico(a), ¿qué cambiarías?

_____

_____

_____

20 Viste un anuncio para un puesto de guía turístico en Perú. Buscan un guía
bilingüe que sepa algo de actividades como la escalada deportiva y el senderismo.
Escribe una carta al director del programa para solicitar el puesto.

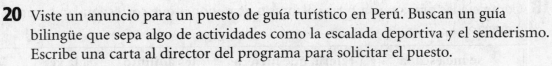

_____

_____

_____

_____

_____

_____

_____

_____

_____

_____

80

Huellas del pasado

1 Completa el párrafo con la palabra que corresponda según el contexto.

Se dice que una vez, en un lugar lejano, la gente de un pueblo sufrió de una grave
enfermedad a causa de un hechizo (**1**) _____ (encantado / misterioso).
(**2**) _____ (Tan pronto como / Se cuenta que de pronto),
todas las personas empezaron a perder su memoria. No se acordaban de su
pasado y poco a poco olvidaron los nombres de todas las cosas a su alrededor. Sin
poder expresarse, todos iban a morir de tristeza en ese (**3**) _____
(estridente / mágico) mundo de silencio. (**4**) _____ (Según
nos dicen / A partir de entonces), sólo un hombre se salvó de este mal
(**5**) _____ (desconocido / entretenido), y (**6**) _____ (ahora
bien / aunque) fue un trabajo duro, luchó sin descanso por ayudar a su gente.
Poco a poco les volvió a enseñar los nombres de las cosas y (**7**) _____
(para / por) qué se usaban. También para que las personas se acordaran de su
vida, les leyó en los naipes su pasado. (**8**) _____ (Hace tiempo / Al
final), gracias a los esfuerzos de este hombre (**9**) _____ (malvado /
sabio), todos lograron liberarse del (**10**) _____ (poder / fantasma) del
hechizo y se alegraron al recuperar su memoria.

2 Escoge la palabra de **Vocabulario** que corresponda y úsala en una oración.

traicionar	templo	princesa	fantasma	palacio

1. la hija del rey _____

_____

2. lugar donde viven los nobles _____

_____

3. lugar donde se honra a los dioses _____

_____

4. abandonar o hacerle daño a alguien que confía en ti _____

_____

5. un espíritu _____

_____

Huellas del pasado

3 Completa las siguientes oraciones con el pretérito o el imperfecto de los verbos en paréntesis.

1. En las fábulas de los mapuches, el pájaro gritón *treile,* siempre se

   _____ (creer) más inteligente que todos.

2. En las fábulas griegas, los animales _____ (servir) como ejemplos de cómo debían vivir los humanos.

3. Según los cuentos de los mapuches, a los humanos chilenos se les

   _____ (llamar) *wingkas.*

4. Muchas civilizaciones _____ (crear) mitos y leyendas para explicar fenómenos o hechos misteriosos.

5. Muchas civilizaciones _____ (tener) varios dioses o diosas. La gente pensaba que si los dioses no estaban contentos, habría graves consecuencias.

4 Narra el cuento de la rana *(frog)* y la princesa basándote en los siguientes dibujos. Usa el pretérito y el imperfecto y las expresiones de **¡Exprésate!** Sé creativo(a).

_____

_____

_____

_____

_____

_____

_____

_____

_____

_____

_____

_____

Huellas del pasado

5 Completa las siguientes oraciones con **por** o **para** según el contexto. Sigue el modelo como guía.

> **MODELO** La princesa caminaba todos los días **por** los jardines del palacio.
> Un día, cuando iba **para** el palacio, desapareció.

1. El rey llamó a sus consejeros _____ pedirles ayuda.

2. Los consejeros se reunieron _____ muchas horas y se quedaron _____ la cena.

3. La princesa había sido secuestrada _____ un malvado.

4. Se dieron cuenta de que el hombre trabajaba _____ el rey.

5. Todos hicieron un plan _____ salvar a la princesa.

6. La princesa fue rescatada _____ los sabios.

7. El malvado fue puesto en la cárcel _____ siempre y así pagó _____ su traición.

8. El rey les dio un premio a los sabios _____ su valor.

9. La princesa agradecería la ayuda de los sabios _____ toda su vida.

6 Completa el párrafo con **por** o **para** según el contexto.

De acuerdo a la tradición guaraní, (**1**) _____ la región donde están las cataratas del Iguazú, había una vez un dios del bosque que se enamoró de una muchacha llamada Naipur. Pero un guerrero llamado Caroba también se enamoró y fue (**2**) _____ ella. (**3**) _____ escaparse, Caroba y Naipur se fueron en una canoa. El dios estaba tan celoso y enfurecido que (**4**) _____ castigarlos, produjo unas cascadas gigantescas (**5**) _____ las cuales cayeron los enamorados. Y así, Naipur se convirtió en una roca al pie de las cascadas, y Caroba, en un árbol, que veía siempre a Naipur desde arriba.

Huellas del pasado

7 Lee las oraciones y escoge la respuesta que corresponda.

_____ **1.** ¿Aproximadamente cuántos kilómetros de costa tiene Chile?

a. 2.876   **b.** 6.000   **c.** 3.000

_____ **2.** ¿En qué siglo empezó la tradición de las Tunas Universitarias?

a. VIII   **b.** XVIII   **c.** XIII

_____ **3.** ¿Qué porcentaje de la población argentina reside en Buenos Aires?

a. 80%   **b.** 30%   **c.** 35%

_____ **4.** ¿Qué ciudad fundó Pedro de Valdivia?

a. Santiago   **b.** Buenos Aires   **c.** Montevideo

_____ **5.** ¿Qué usan los mapuches para elaborar sus artesanías?

a. acero   **b.** oro   **c.** plata

8 Contesta las siguientes preguntas con una oración completa.

1. ¿Cómo saben los arqueólogos que el desierto de Atacama ha sostenido vida en el pasado?

_____

_____

2. ¿Cuál es uno de los productos de exportación más importantes de Chile? ¿Por qué?

_____

_____

3. ¿Quién era Bernardo Alberto Houssay y por qué es conocido?

_____

_____

4. ¿Quiénes eran los caudillos?

_____

_____

5. ¿Dónde están los geoglifos del Cerro Unitas y cómo se hicieron?

_____

_____

Huellas del pasado

CAPÍTULO **9**

VOCABULARIO 2/GRAMÁTICA 2

9 Completa las siguientes oraciones con una palabra del cuadro según el contexto.

víctima	una revolución	es lamentable	dictadores	valientes
soldados	campo de batalla	cobarde	es de esperar que	

1. Una persona a quien le falta valor para asumir su responsabilidad se
   considera un _____ .

2. _____ que sufran tantas personas en los conflictos.

3. Muchos refugiados son muy _____ ante el peligro.

4. En una situación de peligro, la gente lucha para no convertirse en
   _____ .

5. A través de la historia, algunos países han tenido _____
   militares que han tomado el poder de su país por la fuerza o mediante
   _____ .

6. Cuando un país está en peligro, su líder manda a sus _____
   al _____ para defenderlo.

7. Cuando hay una revolución, _____ haya grandes cambios en
   la región o país donde ocurre.

10 Completa el párrafo con el subjuntivo de los verbos en paréntesis.

Es de esperar que todo el mundo conmemore los 100 años del nacimiento de
Pablo Neruda. Sería ideal que lo (**1**) _____ (considerar) un héroe
chileno no solamente porque ganó el Premio Nobel de Literatura en 1971, sino
porque luchó su vida entera para que no (**2**) _____ (sufrir) los
chilenos desventajados. Mejor aún sería que (**3**) _____ (reconocer)
que fue humanitario más que un ideólogo comunista. Es de esperar que esto
(**4**) _____ (haber) quedado ilustrado en su película *El cartero*,
realizada en 1995. En ella Pablo Neruda figura como un personaje, exiliado en
Italia durante 1952 debido a los problemas políticos en Chile. Neruda le da
poemas al cartero para que él (**5**) _____ (poder) conquistar a una
mujer, diciéndole: "la poesía no le pertenece a quien la escribe, sino a quien la
necesita".

Huellas del pasado

VOCABULARIO 2/GRAMÁTICA 2

11 Completa las oraciones con el indicativo o el subjuntivo de los verbos en paréntesis.

> **MODELO** A menos que las tropas (llegar) ____**lleguen**____ a un acuerdo de inmediato, seremos derrotados.

1. La ciudad (honrar) _____ a todas las mujeres soldado ayer, y la heroína se regocijó.

2. Tan pronto como se (hacer) _____ justicia por la muerte de los periodistas valientes, habrá regocijo.

3. La senadora seguirá luchando hasta que el programa (mostrar) _____ mejoras.

4. Me sorprende que ellos (haber) _____ vencido a un partido tan fuerte.

5. Si (lograr) _____ reunir a todos los líderes mundiales, podremos encontrar soluciones a muchos problemas.

12 Completa las oraciones con una cláusula subordinada en el pasado del subjuntivo. Sigue el modelo como guía.

> **MODELO** Quería que nosotros (ir) **fuéramos al Museo de Historia Colonial.**

1. El soldado valiente insistía en que ellos no (lamentar)

    _____

2. Tu padre pedía que tú (honrar)

    _____

3. La profesora sugería que nosotros (estudiar)

    _____

4. Mis tíos querían que yo (visitar)

    _____

5. La historiadora recomendaba que nosotros (conmemorar)

    _____

6. El presidente pedía que todos (ir)

    _____

Huellas del pasado

13 Escoge una de las cláusulas del cuadro que corresponda a cada una de las siguientes oraciones. Presta atención al contexto y al tiempo de la cláusula subordinada. Hay varias respuestas posibles.

era de esperar que	muchas personas piensan que
se ha contado que	dijo que, en su opinión
dudaban que	no cabe duda de que

1. Según la historia, _____ los mapuches lucharon mucho.

2. Aunque algunos lo cuestionen, _____ la revolución fue un éxito.

3. _____ se acordara la paz.

4. _____ su enemigo de tantos años fuera a declarar la guerra.

5. _____ , las bombas sólo causan destrucción.

6. _____ tenemos que aprender de los eventos históricos para que no volvamos a cometer los mismos errores.

14 Imagina que eres un periodista y tienes que escribir sobre algún evento histórico que esperas que no se repita. Expresa en un párrafo tus sentimientos (deseo, esperanza, agradecimiento, arrepentimiento) sobre el evento y usa expresiones de ¡Exprésate!

_____

_____

_____

_____

_____

_____

_____

_____

_____

_____

_____

_____

Huellas del pasado

15 Lee el siguiente párrafo y contesta las preguntas.

La Pacha Mama

En la provincia de Jujuy, en el noroeste de Argentina, había incas cuando llegaron los españoles. Una figura mitológica de los indígenas de esa región que persiste hoy día es la de la Madre Tierra, o *Pacha Mama*. Es la diosa femenina y benigna de la tierra y la fertilidad. También es la diosa de la agricultura comunal, que nutre *(nurtures)* y protege. Su día se celebra el primero de agosto. Ese día se practica un rito llamado *la challa* en que se le "da de comer" a la *Pacha Mama* en agradecimiento por sus bendiciones. Todo el mundo entierra una olla de barro o arcilla, con alimentos cocidos entre otras ofrendas *(offerings)*, cerca de su casa. Se dice que durante ese día, para protegerse de los castigos de la *Pacha Mama*, uno debe atarse unas cuerdas de lana de llama en los tobillos, las muñecas y el cuello.

1. ¿Desde cuándo existe la figura de la Pacha Mama?

_____

_____

2. ¿Dónde viven los indígenas que creen en la Pacha Mama hoy día?

_____

_____

3. ¿Qué significa la Pacha Mama para los indígenas?

_____

_____

4. ¿Cómo se llama el rito que se celebra el día de la Pacha Mama?

_____

_____

5. ¿Por qué le "dan de comer" a la Pacha Mama?

_____

_____

6. ¿Qué hacen las personas que creen en la Pacha Mama para protegerse de sus castigos?

_____

_____

Huellas del pasado

16 Ordena las letras de las siguientes palabras basándote en las pistas.

Pista	Letras	Palabra
1. deidad femenina	aoisd	
2. hijo del rey	ínpircep	
3. perderse, no volverse a ver	rsedpaerca	
4. secreto	esmoitiosr	
5. iglesia	tlpeom	
6. triunfo	oitivcra	
7. sentir, llorar	tlamnare	
8. lo bueno, lo correcto, lo debido	aitujsic	

17 Completa las oraciones con el pretérito o el imperfecto de los verbos en paréntesis según el contexto.

1. _____ (Érase / Fue) una vez, en un lugar muy lejano, una reina.

2. Ayer el fantasma _____ (hablaba / habló) con el hechicero.

3. Cuando llegó el príncipe, la princesa _____ (estaba leyendo / leyó) un libro sobre mitos.

4. El malvado _____ (haciendo / hizo) que estallara el palacio.

5. El rey no _____ (sabía / supo) del plan del malvado hasta que el palacio estaba en ruinas.

6. El rey sabía que _____ (había / hubo) que castigar al malvado por su gran traición.

18 Completa cada oración con la frase que corresponda según el contexto.

_____ **1.** En la clase de historia se requiere que...

_____ **2.** Está claro que...

_____ **3.** El soldado valiente tuvo que...

_____ **4.** Dicen que el imperio inca...

_____ **5.** Siempre hay que...

a. el dictador sufrió una derrota.

b. rescatar a sus compañeros del peligro.

c. luchar por la justicia aunque sea difícil.

d. aprendamos sobre la guerra civil.

e. sufrió una gran revolución antes de la llegada de los españoles.

Huellas del pasado

19 Escoge la opción en paréntesis que mejor complete los párrafos.

En "La Revista de Rancagua", el pintor Juan Manuel Blanes conmemora la lucha de Chile por su (**1**) _____ (imperio / libertad). En 1813 en el pueblo chileno de Rancagua, se dio la primera y muy sangrienta *(bloody)* (**2**) _____ (justicia / batalla) en contra de los españoles. Chile obtuvo su (**3**) _____ (independencia / heroína) en 1818. Blanes, el pintor del óleo, es uruguayo, y la escena representa la inspección de las (**4**) _____ (banderas / tropas) (**5**) _____ (por / para) el argentino José de San Martín en Rancagua antes de la batalla. San Martín está a punto de pasar y las mujeres le están pidiendo a una niña que le ofrezca flores (**6**) _____ (por / para) (**7**) _____ (honrar / lamentar) al líder y como gesto de agradecimiento del pueblo.

San Martín ayudó en los movimientos de independencia de Chile y Perú, además del de Argentina. Un tercio de los soldados en su Ejército de los Andes eran esclavos que habían obtenido su (**8**) _____ (dictador / libertad), y ellos aparecen en la pintura. Los esclavos liberados consideraban que era importante (**9**) _____ (vencer al enemigo / sufrir) español para que en las nuevas naciones de América no hubiera esclavitud.

20 Escribe un párrafo sobre algún evento de tu colegio en el cual quieres participar, como la victoria de un equipo deportivo, montar una obra teatral, tener un baile, o diseñar una clase para el año que viene. Expresa tus sentimientos, deseos o esperanzas usando el subjuntivo y expresiones de **¡Exprésate!**

_____

_____

_____

_____

_____

_____

_____

El mundo en que vivimos

1 Completa las siguientes oraciones con la palabra o la expresión que corresponda según el contexto.

1. Las _____ (elecciones / manifestaciones) causadas por el desempleo fueron grandes.

2. ¿ _____ (Te acuerdas de cuando sucedió / Qué hacías cuando) la enorme erupción?

3. En el siglo XIX, las conclusiones de Alexander von Humboldt sobre el efecto de las erupciones y la metamorfosis en la corteza de la Tierra fueron muy

   _____ (emocionantes / indiferentes).

4. ¿ _____ (Qué te pareció / Dónde estabas cuando) ocurrió el terremoto?

5. Mis tíos y yo fuimos al _____ (estreno / invento) de una obra de teatro magnífica.

2 Escoge la definición correcta de las siguientes palabras, y luego usa la palabra en una oración.

____ 1. solidaridad
   a. apoyo   **b.** accidente   **c.** indiferencia

   _____

____ 2. invento
   a. cuando hace frío   **b.** entrada   **c.** creación

   _____

____ 3. espantoso
   a. agradable   **b.** aterrador   **c.** hace calor

   _____

____ 4. emocionante
   a. callado   **b.** conmovedor   **c.** ruidoso

   _____

____ 5. inmigrante
   a. fricción   **b.** compañía   **c.** persona
                                                    reestablecida

   _____

El mundo en que vivimos

3 Combina las frases para escribir una oración en el presente progresivo y otra en el pasado progresivo.

1. Micaela / ver / la televisión

   _____

   _____

2. los arqueólogos / hablar / del descubrimiento que hicieron

   _____

   _____

3. Paulina / andar / leer / la sección de moda

   _____

   _____

4. Nacho / seguir / comer / en el mismo restaurante

   _____

   _____

5. Eva / jugar / al fútbol con sus amigas

   _____

   _____

4 Completa el párrafo con la forma de **haber** que corresponda según el contexto.

Huracán de gran magnitud causa olas de refugiados

Poco después de la última temporada de lluvias, (**1**) _____ (hubo / había) un terrible huracán en Centroamérica. Las autoridades aseguran que no (**2**) _____ (hay / habrá) otro de esa magnitud en mucho tiempo. Este desastre ocasionó la llegada de muchos refugiados al Cono Sur y desde entonces la comunidad les (**3**) _____ (ha / hubiera) mostrado gran solidaridad. (**4**) _____ (Hubo / Hay) personas que tuvieron que superar muchos obstáculos durante el viaje, pero la mayoría fue aceptada como inmigrante. Es increíble que esas personas (**5**) _____ (hayan / hubieran) hecho tantos sacrificios para poder llegar a un lugar seguro. Por eso (**6**) _____ (hay / hubiera) que apoyarlos en estos tiempos difíciles.

CAPÍTULO
(10)

El mundo en que vivimos

VOCABULARIO 1/GRAMÁTICA 1

5 Completa los siguientes párrafos con la forma correcta de los verbos según el contexto.

Hace seis meses, el gobierno no (**1**) _____ (aprobar) un proyecto de ley para establecer el uso de carros híbridos en todo el estado. Desde que la prensa (**2**) _____ (anunciar) la derrota de esa ley, ha habido varias manifestaciones en las calles por parte de jóvenes ecologistas. Hace una semana, (**3**) _____ (haber) una manifestación en la calle principal de la ciudad donde un joven salió lesionado. Es la tercera vez que alguien (**4**) _____ (salir) lastimado a consecuencia de las manifestaciones.

Hace años que nosotros (**5**) _____ (vivir) en este estado sin una alternativa renovable de energía. Desde que (**6**) _____ (empezar) a subir el precio del petróleo, el gobierno ha buscado soluciones a este problema. Un miembro del Partido Verde dice: "Es la quinta vez en tres años que (**7**) _____ (subir) el precio del petróleo en este estado. Hace diez años, este problema no (**8**) _____ (existir), pero ahora tenemos que pensar en una solución responsable para poder conservar el medio ambiente y la economía del país entero".

6 Usa el pasado progresivo para describir lo que estaban haciendo las personas de los dibujos cuando ocurrió otro evento. Sé creativo(a).

_____

_____

_____

_____

_____

_____

_____

Holt Spanish 3

Cuaderno de actividades

El mundo en que vivimos

7 Contesta las preguntas sobre el Cono Sur con la respuesta que corresponda.

_____ **1.** ¿En cuál de los siguientes países NO se encuentra el Gran Chaco?

    a. Argentina   **b.** Bolivia   **c.** Uruguay

_____ **2.** ¿En qué río está ubicada la ciudad de Montevideo?

    a. el río Paraguay   **b.** el Río de la Plata   **c.** el río Amazonas

_____ **3.** ¿Qué altura tiene el cerro Aconcagua?

    a. 6.960 metros   **b.** 9.690 metros   **c.** 6.690 metros

_____ **4.** ¿Quienes vivían en Chile antes de la llegada de los incas?

    a. los aymaras   **b.** los mapuches   **c.** los quechuas

_____ **5.** ¿Quién era Juan Manuel de Rosas?

    a. un gaucho   **b.** un dictador de   **c.** los dos anteriores
                              Argentina

8 Contesta las siguientes preguntas sobre el Cono Sur en una oración completa.

1. ¿Qué hizo Pedro de Valdivia?

_____

2. ¿Por qué es importante Bernardo O'Higgins en la historia de Chile?

_____

3. ¿Quién fue Eva Duarte y por qué es famosa?

_____

4. ¿Qué pasó en Argentina al concluir la guerra de las Islas Malvinas?

_____

5. ¿Cuál es una artesanía importante de la cultura mapuche y cuándo empezó esta tradición?

_____

_____

6. ¿Cuál es el estilo de la Basílica de Salta?

_____

7. ¿Qué pintaba el argentino Cándido López?

_____

8. ¿Qué pasó después del ataque del Palacio de la Moneda en Chile en 1973?

_____

Nombre _____ Clase _____ Fecha _____

El mundo en que vivimos

9 Completa las oraciones con una palabra o expresión del cuadro según el contexto.

conservar el medio ambiente	contaminados	los combustibles
no renovable la energía solar	ya verás que	reciclar un carro eléctrico
desperdiciar te apuesto que	enfermedades	crezcan de cultivo biológico

1. Se advierte que al no _____ , toda la vida en la Tierra está en peligro.

2. Queremos promover _____ y los productos _____ .

3. _____ como el petróleo son un ejemplo de recurso _____ .

4. Es buena idea que los niños _____ lejos de lugares _____ .

5. _____ habrá menos _____ en la población cuando cierren la planta de carbón.

6. _____ en diez años todo el mundo tendrá _____ .

7. Es una lástima _____ los recursos que tenemos y por eso es importante _____ .

10 Juan está hablando de su idea de hacer algo para conservar el medio ambiente. Completa lo que dice con la palabra correcta según el contexto.

El club de ecología debe (**1**) _____ (promover / bajar) programas a favor del uso de (**2**) _____ (crímenes / combustibles) alternativos y el (**3**) _____ (reciclaje / desperdicio) de materiales. Así no contaminaremos tanto el aire, no llenaremos tantos (**4**) _____ (basureros / pesticidas) y dejaremos de (**5**) _____ (desperdiciar / conservar) tanto. Me gustaría que el colegio comprara máquinas de cortar el césped con un motor (**6**) _____ (contaminado / innovador) que no contamine el aire, como una célula de hidrógeno. También me gustaría (**7**) _____ (desperdiciar / implementar) un programa de reciclaje de computadoras.

95

El mundo en que vivimos

11 Completa las siguientes oraciones con el futuro de los verbos del cuadro.

cometer	conservar	contaminar	haber	sembrar

1. Es de suponer que los pesticidas _____ mucho el aire y el agua.

2. En el futuro, ¿se _____ tantos crímenes contra el medio ambiente?

3. Se advierte que _____ que luchar para promover la energía solar.

4. La verdad es que me gusta reciclar, así que _____ todas las bolsas de plástico que pueda para volver a usarlas.

5. Los pesticidas hacen mucho daño al medio ambiente, así que _____ frutas y verduras de cultivo biológico en mi patio este verano.

12 Escribe oraciones completas con la información dada. Usa el subjuntivo y las expresiones de duda, negación o de emoción y sigue el modelo como guía.

MODELO yo / dudar que / nosotros / poder / acabar
Dudo que nosotros podamos acabar con el crimen.

1. las autoridades / dudar que / estar contaminado

_____

_____

2. me alegra que / la gente / reciclar

_____

_____

3. parece mentira que / los productos agrícolas / ser

_____

_____

4. es una lástima que / los recursos naturales / estar

_____

_____

5. yo / (no) estar de acuerdo en que / nosotros / usar

_____

_____

6. es triste que / algunas personas / no preocuparse

_____

_____

El mundo en que vivimos

VOCABULARIO 2/GRAMÁTICA 2

13 Completa las oraciones con el indicativo o el subjuntivo de los verbos en paréntesis según el contexto.

1. Voy a reciclar esta botella en cuanto _____ (terminar) de usarla.

2. Haremos trabajo voluntario en nuestra comunidad tan pronto como _____ (salir) de clase.

3. Compré un carro eléctrico cuando _____ (ahorrar) el dinero suficiente.

4. Iván iba a limpiar la basura del parque en cuanto _____ (tener) tiempo.

5. El problema de la basura en el colegio no mejoró hasta que el director _____ (poner) basureros en los pasillos.

6. Siempre habrá contaminación en nuestras comunidades a menos que todo el mundo _____ (dejar) de tirar basura.

7. Amelia compra productos de cultivo biológico en el supermercado cuando _____ (poder).

8. Yo iba a ir a la reunión del club de ecología después de que _____ (terminar) la tarea.

14 Escribe un párrafo sobre tres cosas que quisieras hacer en el futuro para ayudar a mejorar la calidad del medio ambiente y explica por qué. Usa frases adverbiales como **tan pronto como, a menos de que, antes de que, con tal de que** y las expresiones de **¡Exprésate!**

MODELO **Tan pronto como tenga tiempo, iré al parque a sembrar árboles con los voluntarios del club de ecología.**

_____

_____

_____

_____

_____

_____

_____

_____

_____

(**97**)

El mundo en que vivimos

15 Lee el artículo. Luego, lee las preguntas y escoge la respuesta que corresponda.

MIRTA FASCI Y LUIS PITTAU

Los argentinos Mirta Fasci y Luis Pittau son una pareja de inventores modernos. Viven en el barrio de Palermo en Buenos Aires. Uno de sus inventos más recientes (1997) es el "EMIUM" (envase modular interconectable de usos múltiples: *Multiple-Use Interlocking Modular Container*). Es un nuevo concepto para el uso de envases desechables *(disposable)*. Lo llaman "el envase inteligente". Los EMIUM son recipientes que después de que se terminan de usar como botellas de alimentos, cosméticos u otras cosas, se pueden usar de nuevo. El elemento original del diseño es que después de usarse una o varias veces, los recipientes son interconectables, o sea, encajan los unos con los otros. Entonces se pueden usar como paredes, cajas, juguetes o lo que quiera el usuario *(user)*. Los inventores se interesaron en crear estos recipientes debido a la cantidad tan enorme de recipientes desechables que acaban en los ríos, lagos, océanos y otros sitios naturales. Mirta y Luis tienen muchos intereses profesionales. Entre ellos, Mirta se destaca por ser la fundadora de Mujeres Innovadoras Argentinas.

_____ **1.** ¿En qué barrio de Buenos Aires viven los inventores Mirta Fasci y Luis Pittau?
   a. Recoleta   **b.** San Telmo   **c.** Palermo

_____ **2.** Al EMIUM le dicen:
   a. "el envase   **b.** "el envase práctico".   **c.** "el envase sin
   inteligente".   igual".

_____ **3.** Al conectar recipientes EMIUM se puede(n) hacer:
   a. chocolate.   **b.** juguetes.   **c.** tráfico.

_____ **4.** Los inventores observaron que los recipientes desechables acaban en:
   a. los ríos.   **b.** los lagos.   **c.** los dos anteriores

_____ **5.** Los EMIUM se pueden usar:
   a. múltiples veces.   **b.** tres veces.   **c.** solamente una vez.

_____ **6.** Mirta fundó la organización:
   a. Mujeres Argentinas.   **b.** Mujeres Innovadoras   **c.** Innovadoras, S.A.
                                      Argentinas.

El mundo en que vivimos

16 Rodea con un círculo las palabras de **Vocabulario.** Luego, escribe una oración con cada una.

```
M  N  N  I  R  L  S  T  A  F  K  B
A  E  Q  U  A  Y  A  V  S  P  O  U
N  N  C  C  L  L  I  E  U  O  X  M
I  E  H  D  Z  T  T  R  C  A  S  B
F  R  Í  Í  S  N  I  I  E  T  U  R
E  G  B  J  Q  C  N  M  D  U  P  A
S  Í  R  H  A  M  B  R  E  I  P  H
T  A  I  E  G  P  E  Ñ  R  M  L  P
A  S  D  R  D  N  R  Z  R  N  A  C
C  O  O  P  E  R  A  C  I  Ó  N  F
I  L  C  H  N  R  P  O  R  R  E  V
Ó  A  W  A  H  Z  L  A  N  T  T  S
N  R  C  C  O  N  S  E  R  V  A  R
```

1. (manifestación) _____

2. (cooperación) _____

3. (suceder) _____

4. (conservar) _____

5. (híbrido) _____

6. (energía solar) _____

7. (hambre) _____

8. (planeta) _____

El mundo en que vivimos

17 Completa las siguientes oraciones con la palabra del cuadro que corresponda según el contexto.

Estaba en casa cuando	**Es muy posible que**	**Lo que noto es que ahora hay**
Ten en cuenta que	**Se advierte que**	**Calculo que** **Ya verás que**

1. _____ los que participaron en la manifestación suman 100.000.

2. _____ es importante sembrar muchos árboles.

3. _____ más tortugas en ese lugar desde que se designó una reserva natural.

4. _____ de pronto sentí temblar la tierra.

5. _____ no se debe comer los peces de ese lago porque están contaminados con mercurio.

6. _____ aumente la cantidad de programas de recreación.

7. _____ muy pronto el gobierno va a promover un programa de reciclaje en todo el país.

18 Completa el párrafo con la opción que corresponda según el contexto.

Ahora (**1**) _____ (estoy leyendo / leí) un libro sobre las mejores maneras de conservar el medio ambiente. La semana pasada

(**2**) _____ (leo / estaba leyendo) sobre estrategias para lograr la paz mundial. En verdad (**3**) _____ (hubieron / hay) muchas maneras en que podemos conservar la Tierra. (**4**) _____ (Hace mucho tiempo / Desde) que me preocupa el medio ambiente. Todos los habitantes del mundo

(**5**) _____ (tendremos / tuvimos) que contribuir con esta meta para lograrla. (**6**) _____ (Me alegra que / No es cierto que) ya

(**7**) _____ (hayamos / habremos) perdido la batalla. Es importante apoyar (**8**) _____ (leyes en contra / leyes a favor) de la protección del medio ambiente y de los recursos naturales. Así disfrutaremos de una mejor

(**9**) _____ (calidad / fuente de energía) de aire y un mejor desarrollo humano.

¡Invéntate!

¡Adiós al verano!

Escoge una identidad para usar en todas las actividades de *¡Invéntate!* de este cuaderno. La información puede ser tuya o de una persona imaginaria. Para empezar, escribe tu nombre, edad, nacionalidad y lugar de residencia. Acuérdate que usarás esta identidad para actividades futuras.

Nombre: _____

Edad: _____

Nacionalidad: _____

Lugar de residencia: _____

Ahora, lee la siguiente información y completa la actividad.

Junto con tres compañeros de clase, consigan cada uno una fotografía de algo que hicieron el verano pasado. En una hoja de papel de colores, escriban al menos un párrafo sobre las memorias que tienen de estas fotografías. Después, coloquen *(place)* las fotografías y los párrafos en un póster y presenten su trabajo a la clase.

¡Adiós al verano!

Con un(a) compañero(a), crea una página para la sección "Ayúdame, Amparo" de una revista para jóvenes. En una carta, escribe sobre algún problema que tengas y pide consejos. Tu compañero(a) debe hacer lo mismo. Luego, intercambien sus cartas y escriban sus consejos para resolver el problema. Al final, coloquen las cartas en una cartelera (*poster board*) y busquen fotos para ilustrarlas.

_____

_____

_____

_____

_____

_____

_____

_____

_____

_____

_____

_____

_____

_____

_____

_____

_____

_____

_____

_____

_____

_____

_____

_____

(103)

¡A pasarlo bien!

CAPÍTULO
2

¡INVÉNTATE!

Piensa en un(a) amigo(a) que hayas tenido por mucho tiempo, o inventa uno(a).
Escribe sobre sus cualidades, sus gustos y si han cambiado con el tiempo: ¿Qué les
gustaba hacer antes? ¿Qué les gusta hacer ahora? Explica si todavía tienen intereses
en común o no.

_____

_____

_____

_____

_____

_____

_____

_____

_____

_____

_____

_____

_____

_____

_____

_____

_____

_____

_____

_____

_____

_____

_____

_____

¡A pasarlo bien!

Imagina que un grupo de amigos vendrá a tu casa a visitarte el fin de semana que viene, y tú tienes que organizar cinco actividades para hacer durante todo el día. Pueden ser actividades dentro o fuera de tu casa. Describe lo que quieres que hagan juntos usando **ir a** + infinitive.

_____

_____

_____

_____

_____

_____

_____

_____

_____

_____

_____

_____

_____

_____

_____

_____

_____

_____

_____

_____

_____

_____

_____

_____

_____

_____

Todo tiene solución

Piensa en por lo menos dos momentos en que hayas tenido un problema con una clase, con un(a) amigo(a) o con otra persona en el colegio. Explica en un párrafo lo que pasó y lo que hiciste para resolver el problema. Cuenta cómo te sentiste antes y después de resolver el problema, y quién te ayudó a resolverlo. Usa palabras de **Vocabulario** en tus párrafos.

_____

_____

_____

_____

_____

_____

_____

_____

_____

_____

_____

_____

_____

_____

_____

_____

_____

_____

_____

_____

_____

_____

_____

_____

_____

_____

_____

_____

_____

(106)

Todo tiene solución

Escribe un diálogo entre tres estudiantes sobre algún conflicto personal causado por la falta de comunicación, impresiones equivocadas, la discriminación o los estereotipos. Explica cómo surgió el problema y quiénes fueron las personas involucradas *(involved)*. Al hablar de la solución, explica la manera en que cada persona ayudó a resolver el problema.

_____

_____

_____

_____

_____

_____

_____

_____

_____

_____

_____

_____

_____

_____

_____

_____

_____

_____

_____

_____

_____

_____

_____

Entre familia

Trabajen en grupos para crear una familia imaginaria donde cada estudiante tome el papel de uno de los familiares (papá, mamá, abuelo(a), cuñado(a), suegro(a), hermano(a), hermanastro(a), etc.). Imaginen que realizan una reunión familiar y están chismeando sobre los miembros de la familia. Usen el espacio que sigue para tomar apuntes sobre una posible conversación entre los familiares. Luego, presenten la escena a la clase. La clase tendrá que adivinar *(guess)* la relación entre cada miembro de la familia.

_____
_____
_____
_____
_____
_____
_____
_____
_____
_____
_____
_____
_____
_____
_____
_____
_____
_____
_____
_____
_____
_____
_____

Entre familia

Escribe una reseña de tu restaurante favorito. Incluye una descripción del lugar, los mejores platos, sus ingredientes y ¡no te olvides de describir los postres! Si hay un plato que no te guste, descríbelo también y di por qué no te gusta. Usa expresiones de **¡Exprésate!** en tu reseña.

_____

_____

_____

_____

_____

_____

_____

_____

_____

_____

_____

_____

_____

_____

_____

_____

_____

_____

_____

_____

_____

_____

_____

_____

_____

(109)

El arte y la música

¿Cuál de las artes plásticas te gusta más? Piensa en una forma de arte, por ejemplo la acuarela, tallar en madera, la arquitectura o la música, y haz una investigación en la biblioteca o por Internet sobre esta forma de arte. En una presentación a la clase, explica por qué te gusta esta forma de arte e incluye, de la información que encontraste, lo que te haya llamado la atención. Puedes ilustrar tu presentación con fotos recortadas de revistas o con imágenes de Internet.

_____

_____

_____

_____

_____

_____

_____

_____

_____

_____

_____

_____

_____

_____

_____

_____

_____

_____

_____

_____

_____

_____

_____

_____

_____

_____

_____

_____

El arte y la música

¿Cuál es tu obra de teatro o canción preferida? En un párrafo, usa palabras de **Vocabulario** para describir una de las dos. Incluye información sobre su autor, el tema que trata y dónde la viste o escuchaste por primera vez. Usa expresiones de ¡**Exprésate!** y recomienda la canción o la obra a tus compañeros(as). Si quieres, puedes incluir una grabación de la canción o reseñas de la obra recortadas del periódico.

_____
_____
_____
_____
_____
_____
_____
_____
_____
_____
_____
_____
_____
_____
_____
_____
_____
_____
_____
_____
_____
_____
_____
_____

¡Ponte al día!

Imagina que eres el locutor del noticiero de tu colegio y vas a dar las noticias del día.
Presenta un breve informe de cinco a diez minutos sobre las últimas noticias, por
ejemplo: las competencias deportivas, el menú del día de la cafetería, las actividades
de los clubes o los planes que tiene el (la) director(a) para el colegio. Organiza toda la
información en el espacio que sigue y memorízala. Luego, presenta tu informe a la
clase o haz una grabación en casa y preséntala después.

_____

_____

_____

_____

_____

_____

_____

_____

_____

_____

_____

_____

_____

_____

_____

_____

_____

_____

_____

_____

_____

_____

¡Ponte al día!

Imagina que tú y un(a) compañero(a) trabajan para la sección en español del periódico de su pueblo o ciudad. Escojan un tema relacionado con su colegio o con su comunidad sobre el cual quieran hacer un reportaje editorial. Expresen sus opiniones y perspectivas sobre el tema. Consulten Internet, saquen fotos, hagan entrevistas y divídanse la escritura del reportaje entre ustedes. Organicen el material del reportaje en un póster y preséntenlo a la clase.

_____

_____

_____

_____

_____

_____

_____

_____

_____

_____

_____

_____

_____

_____

_____

_____

_____

_____

_____

_____

Mis aspiraciones

Muchos jóvenes van a la universidad inmediatamente después de graduarse del colegio. En cambio, otros buscan empleo y trabajan un tiempo para ahorrar dinero o viajan para conocer otros países. ¿Cuáles son tus aspiraciones en cuanto te gradúes? ¿Qué planes tienes para los próximos cinco años? Explica en dos párrafos cuáles son tus metas, cómo piensas alcanzarlas y los obstáculos que piensas que tendrás que superar. Usa palabras de **Vocabulario** y expresiones de **¡Exprésate!** en tus párrafos.

_____

_____

_____

_____

_____

_____

_____

_____

_____

_____

_____

_____

_____

_____

_____

_____

_____

_____

_____

_____

_____

_____

_____

Mis aspiraciones

Inventa un personaje que sale de su hogar para vivir en otro país y escribe un cuento sobre sus experiencias. Puedes imaginar que tú eres ese personaje, y tendrás que describir tu experiencia al mudarte a España, México u otro país. Explica las razones por las cuales el personaje se tuvo que mudar y describe sus desafíos y sus éxitos. ¡Sé creativo(a)!

_____

_____

_____

_____

_____

_____

_____

_____

_____

_____

_____

_____

_____

_____

_____

_____

_____

_____

_____

_____

_____

_____

¿A qué te dedicas?

Imagina que tienes la oportunidad de trabajar en un negocio o montar uno propio. ¿A qué aspirarías? ¿Qué tipo de producto o servicio ofrecerías? ¿Qué tipo de trabajo harías? ¿Trabajarías en un negocio pequeño o grande? ¿Cómo sería el ambiente de trabajo? ¿Te gustaría trabajar en la ciudad, en la playa o en el campo? ¿Qué tipo de desafíos piensas que encontrarías?

_____

_____

_____

_____

_____

_____

_____

_____

_____

_____

_____

_____

_____

_____

_____

_____

_____

_____

_____

_____

_____

_____

_____

_____

_____

_____

_____

¿A qué te dedicas?

Tu colegio va a crear una revista en español para jóvenes hecha completamente por los estudiantes. La revista va a tener secciones de ocio, literatura, ciencias, deportes, moda y editoriales. El director de la revista está buscando estudiantes para los puestos de trabajo. Necesita estudiantes para escribir artículos, otros para hacer el diseño de las páginas, y otros para hacer la producción de la revista en la computadora. Escribe una carta de solicitud en español para el puesto que te interese. Incluye por qué te interesa el puesto, tu talento, lo que sabes hacer bien y cómo puedes hacer un aporte a la revista.

_____

_____

_____

_____

_____

_____

_____

_____

_____

_____

_____

_____

_____

_____

_____

_____

_____

_____

_____

_____

_____

(117)

Huellas del pasado

Piensa en un personaje de un cuento de hadas. Puede ser un rey, un caballero *(knight)*, una princesa o el que más te llame la atención. Imagina que tú eres ese personaje y que estás viviendo en un mundo de cuentos de hadas. Describe todo lo que ves, las acciones de los otros personajes y todo lo que pasa a tu alrededor desde la perspectiva de tu personaje. Al final, di cómo termina tu cuento de hadas. ¡Sé creativo(a)!

_____

_____

_____

_____

_____

_____

_____

_____

_____

_____

_____

_____

_____

_____

_____

_____

_____

_____

_____

_____

_____

_____

_____

Huellas del pasado

Imagina que eres un(a) hechicero(a) muy sabio(a), pero no malvado(a). Si tuvieras una varita mágica *(magic wand)*, ¿qué harías con ella? ¿Convertirías a algunas personas o cosas en otras? ¿La usarías para mover cosas de un lado a otro? Si pudieras hacer hechizos *(spells)*, ¿cuáles beneficiarían a más personas?

_____

_____

_____

_____

_____

_____

_____

_____

_____

_____

_____

_____

_____

_____

_____

_____

_____

_____

_____

_____

_____

_____

_____

_____

_____

El mundo en que vivimos

Imagina que tienes cien años y quieres compartir con tus nietos todo lo que has visto en tu vida. Primero, escoge el país en que has vivido y los lugares que has conocido a lo largo de tu vida. Luego, investiga en la biblioteca o en Internet por lo menos cuatro acontecimientos importantes de los últimos cien años. Pueden ser desastres naturales como un terremoto, inventos muy innovadores, descubrimientos importantes o lo que quieras incluir. Imagina que tú fuiste parte de esos acontecimientos. Explica dónde estabas y qué estabas haciendo cuando ocurrieron los hechos y cómo cambiaron tu vida.

_____

_____

_____

_____

_____

_____

_____

_____

_____

_____

_____

_____

_____

_____

_____

_____

_____

_____

_____

_____

_____

_____

_____

_____

El mundo en que vivimos

Imagina que tú y dos o tres compañeros tienen que hacer una investigación sobre el medio ambiente para la empresa en que trabajan. Su jefe les ha pedido que investiguen cómo ha mejorado o empeorado el medio ambiente en los últimos años. Incluyan temas como la deforestación o la contaminación del agua, e información sobre una organización que esté trabajando para mejorar el medio ambiente. Escriban el reporte en computadora e ilústrenlo con fotos recortadas de revistas o periódicos. Luego, presenten su reporte a la clase.

_____

_____

_____

_____

_____

_____

_____

_____

_____

_____

_____

_____

_____

_____

_____

_____

_____

_____

_____

_____

_____

_____

_____

_____

_____

En resumen

Piensa en lo que has aprendido sobre otras culturas en tu clase de español durante este año. ¿Cómo se parecen o se diferencian las experiencias en el mundo hispano y tus propias experiencias? ¿Qué te gusta o no de ambos mundos? ¿Descubriste un nuevo interés en este mundo por lo que aprendiste? Repasa brevemente cada capítulo para refrescar tu memoria y escribe tres párrafos sobre ti mismo(a).

_____

_____

_____

_____

_____

_____

_____

_____

_____

_____

_____

_____

_____

_____

_____

_____

_____

_____

_____

_____

_____

_____

_____

_____

_____

_____

_____

_____

En resumen

¡INVÉNTATE!

¡Felicidades! Durante este año has aprendido a expresarte mejor en español. Has aprendido muchas cosas no solamente del idioma, sino de la cultura de muchos países hispanohablantes. ¿Cuáles son las ventajas de poder hablar un idioma utilizado por millones de personas en el mundo? ¿Cómo podrás aplicar este conocimiento que tienes en tu futuro trabajo o en tu comunidad? ¿Cómo crees que puede cambiar tu vida el hecho de hablar dos idiomas?

_____

_____

_____

_____

_____

_____

_____

_____

_____

_____

_____

_____

_____

_____

_____

_____

_____

_____

_____

_____

_____